应用型本科信息管理与
信息系统专业规划教材

信息管理与信息系统
专业导论教程

（第2版）

张士玉　编著

清华大学出版社
北　京

图书在版编目（CIP）数据

信息管理与信息系统专业导论教程／张士玉编著. —2 版. —北京:清华大学出版社，2017（2023. 7重印）

（应用型本科信息管理与信息系统专业规划教材）

ISBN 978-7-302-46045-9

Ⅰ. ①信… Ⅱ. ①张… Ⅲ. ①信息管理－高等学校－教材 ②信息系统－高等学校－教材 Ⅳ. ①G203 ②G202

中国版本图书馆 CIP 数据核字（2016）第 307278 号

责任编辑：贺　岩
封面设计：汉风唐韵
责任校对：宋玉莲
责任印制：刘海龙

出版发行：清华大学出版社
　　　　网　　　址：http://www.tup.com.cn，http://www.wqbook.com
　　　　地　　　址：北京清华大学学研大厦 A 座　　　　邮　　编：100084
　　　　社 总 机：010-83470000　　　　　　　　　　　邮　　购：010-62786544
　　　　投稿与读者服务：010-62776969，c-service@tup.tsinghua.edu.cn
　　　　质量反馈：010-62772015，zhiliang@tup.tsinghua.edu.cn
印 装 者：北京国马印刷厂
经　　销：全国新华书店
开　　本：185mm×230mm　　印　　张：11　　字　　数：227 千字
版　　次：2009 年 12 月第 1 版　2017 年 1 月第 2 版　印　　次：2023 年 7 月第 8 次印刷
定　　价：28.00 元

产品编号：071016-01

前　　言

传统的高校教学过程所遵守的基本学习顺序是：基础课—专业基础课—专业课—毕业设计（论文）。毫无疑问，这样的学习过程其主流是科学合理的，但是也存在不小的问题。其主要问题就是学生长期陷入具体的课程和章节之中，缺乏对专业的全面了解，这种情况犹如没有地图迷失在丛林中，只见一棵棵树木而不见森林全貌，只见脚下路径而不辨前进方向。特别是在当今的社会环境和教育环境下，这种学习方式所带来的问题越来越突出。

北京联合大学管理学院秉持应用性办学方向和以学生为本的教育原则，针对这一问题于 2005 年决定在各个专业的第一学期开设专业导论课程。专业导论课程的开设深受学生欢迎，经过数年的教学实践，不断总结经验和教训，各专业都形成了本专业比较成熟的专业导论课程。在当今的社会环境和教育环境下，专业导论课程的开设具有如下几方面的作用。

首先，在第一学期解决了学生对专业的困惑问题，使学生建立起对本专业比较全面的、概括的、初步的认识。

在当今的就业环境中，学生在专业选择和课程学习方面希望越来越多地发挥独立思考的作用，但是由于对专业的不了解而陷入困惑。专业导论的开设，犹如使学生在进入所选专业这个广阔、繁茂的知识森林之前，先对其全貌做一个俯瞰。

其次，专业导论课程的开设适应了信息时代现代人的学习和认知规律。

在没有互联网和电子读物的时代，人们的读书学习顺序基本是按部就班、按照章节顺序纵向进行，如图 0-1 所示。

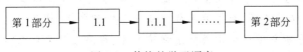

图 0-1　传统的学习顺序

在当今信息时代，由于网站和各类电子读物大量采用超链接技术，学习过程是横向和纵向结合进行，具有跳跃性特点，这就要求学习者不论学习过程进入了何处细节，始终都要保持对学习对象总体纲要的了解，如图 0-2 所示。

专业导论课程的开设，正是适应了信息时代现代人的学习顺序。

最后,专业导论课程的开设有助于学生选择专业。

许多大学的管理学院实行大类招生,学生在进入大学后经过一段时间的学习,再进一步选择专业,专业导论课程的开设无疑对学生选择专业给予了很大帮助。

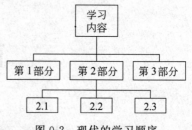

图 0-2 现代的学习顺序

本课程的学时不宜多,14～20 学时即可。由于是面对刚入学的新生,在教学方法上强调生动而避免枯燥,强化感性认识而避免过多的抽象理论,以问题导向而非以概念导向,紧密结合现实,多进行师生互动。

本教程在形成过程中,受到了许多专家、领导和同事的帮助,引用了他们的教学成果,并引用和参考了大量参考文献以及专业会议达成的共识,在此表示衷心感谢。首先感谢中国人民大学信息学院的同仁,他们在庆祝该院成立 30 周年纪念会上,召集了全国高校本专业系主任和专业主任进行学术研讨。感谢以清华大学陈国青教授为组长的课题组,先后推出 CISC 2005 和 CIS 2011 课程体系。本教材不是本类教材首创,陈禹教授和杨波教授在之前所编著的《信息管理与信息系统概论》中的一些基本思想被本教材采用。感谢行业前辈侯炳辉教授为"国家职业资格——企业信息管理师"的设立做出的重要努力,他与郝宏志先生等一大批专家编写的"企业信息管理师培训教材"成为本教材的重要参考资料。还有,笔者在本专业学习过程中所受到的专家指点,自觉或不自觉地形成本教材的某些内容,难以注明出处。例如,笔者的专业启蒙者甘仞初教授,作为笔者访问学者导师的舒华英和忻展红教授,对笔者做过专业培训的陈禹教授、高复先教授等,对笔者在行业实践方面给予极大帮助的北京福田汽车股份公司人力资源部和该企业信息部副总经理来向文高工等。感谢对本人在专业调研中给以热情接待和不吝赐教的各位老师和行业专家。感谢北京联合大学的领导和同事对专业导论课程和本人在业务上的帮助。例如,管理学院领导班子决定开设专业导论课程的正确决定、对笔者成为企业信息管理师给予很大帮助的陈建斌老师、管理学院本专业主任于丽娟老师、管理信息系统集成技术和计算机网络课程大纲编写者王艳娥老师、数据库课程负责人郭凤英老师、管理信息系统课程负责人杨燕老师、信息系统分析与设计主讲教师赵森茂老师、程序设计主讲教师杜梅老师、ERP 主讲教师黄艳老师、数据仓库和数据挖掘主讲教师李慧老师、管理学原理主讲教师陈琳教授等。感谢梁磊老师提供第六届全国大学生电子商务"三创"赛特别奖作品案例。董焱教授对本书提出了宝贵意见。感谢清华大学出版社编辑的慧眼赏识。衷心感谢书中所列或疏漏的参考文献作者。

由于作者水平有限,书中难免有错误和疏漏之处,欢迎读者批评指正。

目　　录

第1章

信息化是现代社会发展的大趋势

场景

现代社会离不开信息化

21 世纪,是人类社会由工业文明向信息文明整体飞跃的伟大时代,在这样的时代,信息化已成为世界经济和社会发展的大趋势。

信息化对世界政治、经济、军事、科技、文化和社会管理等领域,以及人们的生活方式和工作方式产生了重大而深刻的影响。同时,信息化水平也成为了一个国家或地区综合实力和竞争力的重要体现。时代呼唤信息化,信息化是各个领域、各个行业实现跨越式发展,加快现代化步伐的必然选择。

政府信息化有效地提高了行政效率和质量,促进政府廉洁、勤政、务实和高效。图 1-1 为中国中央政府网站。

图 1-1 中国中央政府网站

整个现代金融领域,包括银行业、证券业和保险业,更是一刻也离不开信息技术和信息系统的支持,如图1-2、图1-3所示。

图1-2　证券交易大厅

图1-3　全国联网的银行系统

企业通过信息化降低运营成本,提高运营效率,提高对市场的反应能力和决策水平,从而增强了企业整体竞争能力。借助电子商务手段,企业在地域上和时间上极大地拓展了市场和获取资源的范围,更好地为客户提供个性化服务,如图1-4、图1-5、图1-6所示。

图1-4　某纺织企业工程师在利用信息系统设计产品

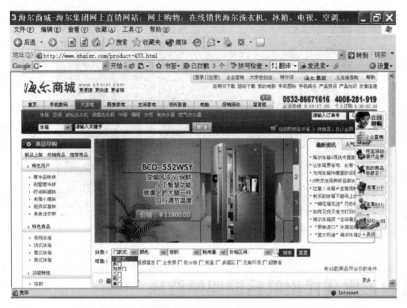

图 1-5　海尔电子商城的冰箱产品页面

图 1-6　超市信息系统的客户付款终端

　　社会信息化使得人们的生活更加方便、更加丰富,同时形成了信息时代下特有的生活方式和工作方式。图 1-7 为某楼宇计算机网络综合布线示意图。

　　信息化工作的每个环节都离不开管理,其核心工作就是建立并管理一套稳定高效的信息系统。

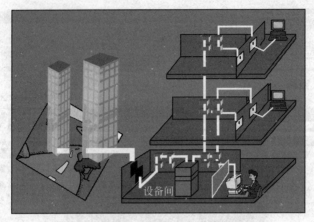

图 1-7　楼宇计算机网络综合布线示意图

1.1　信息化是现代化社会的必然选择

1.1.1　构成当今世界的三大要素

如果按照生产力发展水平来划分人类社会的发展阶段,可以分为四大阶段,即原始社会、农业社会、工业社会和信息社会。人类社会之所以由低级阶段进入高级阶段,就是由于决定生产力的要素已经不是单纯靠传统要素的数量积累,而是发生了本质的飞跃,出现了新的起决定因素的要素。

在原始社会,物质极度贫乏,人们赖以生存的基础就是天然资源,通过采集野果和狩猎等活动维持生存,尽管具有简单工具,但是决定生产力的要素主要是人的身体力量。人类文明进入农业社会后,耕地、金属工具和牲畜等物质资料是生产力水平的决定因素,谁拥有这些物质资料越多,谁就越富有。尽管当时也要依靠能量,例如风力、水利等自然能量,但由于能量较低而不起决定作用。18 世纪以后,人类生产活动大量使用电能、煤和石油,使能量上升为决定因素之一,标志着人类进入工业社会。

自从 20 世纪 40 年代计算机产生以来,随着计算机技术的快速发展,各个行业利用计算机技术进行信息的收集、存储、传递、加工和使用越来越普及和深入,在管理层次上从提高基层工作效率到辅助高层决策,在应用广度上从会计、统计等单项业务的应用到全面的、集成的信息化管理,从科技活动、商业活动和政府管理扩展到社会生活的各个方面。因此,在 20 世纪 80 年代,有学者提出了信息化社会和信息化城市的概念,进入 21 世纪后,这方面的思潮逐渐成为主流,即认为 21 世纪人类进入了信息社会或知识社会,信息和知识成为生产力的决定要素之一。

　　需要明确的是,由于信息和知识的重要度在人类社会活动中逐渐增加,由量变到质变,进而成为决定因素之一,计算机只是由于信息活动的需要应运而生的产物,进而又促进了信息活动的发展。早在农业社会,人类已经十分重视信息的作用,例如,在军事方面,古代利用烽火台传递情报;在国家管理方面,秦国丞相商鞅建立的报数体系;在农业生产方面,祖先总结的节气和天象规律等。在第二次世界大战期间,信息传递技术、加密技术、破译技术和情报活动的需要,以及"二战"结束后科技和经济的飞速发展,依靠以往的信息处理技术已经远远满足不了需求,人类迫切需要在计算机技术方面获得突破性发展,也正是由于计算机技术的突破性发展,促进了人类社会加速进入信息化社会。表 1-1 简要表示了从农业社会开始的人类物质文明不同阶段的决定要素。

表 1-1　人类不同发展阶段生产力的决定要素

发　展　阶　段	生产力的决定要素
农业社会	物质:耕地、金属和非金属工具、牲畜等
18 世纪后:工业社会	物质＋能量 能量:电能、煤、石油、天然气等
21 世纪后:信息社会	物质＋能量＋信息 信息资源:数据、经过加工的数据和知识 信息活动:收集信息、存储和传递信息、加工信息、使用信息

　　在现实世界,物质、能量和信息这三大组成要素缺一不可,任何一件事的发生或一件物的运动都是这三者的统一体。没有物质,任何事物都不存在;没有能量,任何事物运动都不会发生;没有信息,任何事物都没有意义。

　　关于信息(information)的定义有许多种,例如:

　　信息是电子线路中传输的信号。

　　信息是用符号传送的报道,报道的内容是接受符号者预先不知道的。

　　信息是人们根据需要进行加工过的,对决策有用的数据。

　　信息是用来消除不确定性的东西。

　　信息是事物存在方式、运动状态以及事物之间联系的反映。

　　上述各种定义都有其道理,我们可以按照不同的层次来理解,将其由低到高分为物理层、应用层和哲学层三个层次,低层次比较明确,但是也比较狭窄,高层次比较宽泛、抽象,如图 1-8 所示。

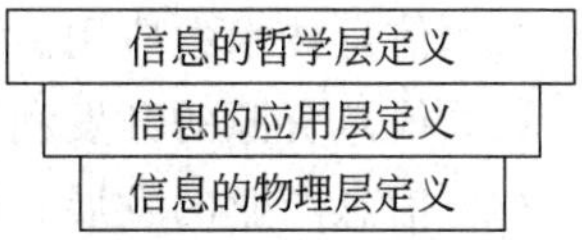

图 1-8　信息定义的三个层次

1.1.2　信息化的含义和内容

信息、信息管理和信息系统已经深入人类工作和生活的一切领域,政府管理、企业管理、社会管理等领域都离不开对信息的收集、整理、加工、分析和利用,而其中的有利工具就是信息系统。信息技术改变了当今世界,包括政府管理、企业管理、教育、经济、日常办公、商业行为和人们的日常生活,乃至改变了人们的思维。在当代社会,信息化水平已经是衡量一个国家、地区综合实力的重要标志之一,也是提高企业竞争力的重要手段之一。

如何理解信息化(informatization)?在汉语中常将某个名词后面加上一个"化"字,例如:社会化、工业化等,"化"的含义主要是转化,是一个逐渐转变、深入和普及的过程。

我国著名信息化专家陈禹教授提出,信息化指的是在现代信息技术广泛普及的基础上,社会和经济的各个方面发生深刻的变革,通过提高信息资源的管理和利用水平,使各种社会活动的功能和效率大幅度提高,从而达到人类社会的新的物质和精神文明水平的过程。信息化的概念具有如下要点:

(1) 信息化是一个漫长的过程。

(2) 现代信息技术是信息化的基础。现代信息技术包括:数字通信技术、计算机技术、网络技术、数据库技术、多媒体技术和计算机软件技术。

(3) 信息化的全面性推动着社会和经济的各个方面发生深刻的变革。

(4) 信息化的核心是信息资源利用水平的提高。信息资源由信息生产者、信息和信息技术三大要素构成。

(5) 信息化的成果促使各种社会活动的功能和效率大幅度提高。

(6) 信息化的目标是达到人类社会新的文明水平。

信息化是一个庞大体系,包括诸多方面内容,国家信息化领导小组对信息化体系的界定为:"信息化是以信息技术广泛应用为主导,信息资源为核心,信息网络为基础,信息产业为支撑,信息人才为依托,法规、政策、标准为保障的综合体系。"我国政府把信息化工作的内容分为六部分:

(1) 信息网络基础设施的建设。

(2) 信息技术的应用。

(3) 信息资源的开发利用。信息资源的开发利用是信息化的目的和主要活动。

(4) 信息产业的发展。信息产业包括信息产品制造业和信息服务业。

(5) 信息人才的培养。

(6) 信息政策、法规和标准的制定。

1.1.3 推进信息化与工业化融合

问题： 我国在发展信息化的过程中,曾经一度在思想认识上出现过探讨,是沿着西方发达国家走过的老路,即等到工业化高度发达之后再发展信息化? 还是越过工业化发展的阶段,直接进入信息化社会? 请同学们不要看教材,进行课堂讨论,我国欲实现国民经济的跨越式发展,应如何处理信息化和工业化的关系?

2002 年中国共产党第十六次全国代表大会报告指出:"信息化是我国加快实现工业化和现代化的必然选择。坚持以信息化带动工业化,以工业化促进信息化,走出一条科技含量高、经济效益好、资源消耗低、环境污染少、人力资源优势得到充分发挥的新型工业化路子。"

工业化是利用机器通过分工协作大量地生产物质产品,物质产品是人类社会赖以生存和发展的基础。工业化高度发展之后,必然伴随着商业活动、生产活动、技术开发活动和人力资源管理活动、物资管理活动等,这些活动产生大量的信息,加上计算机技术的发展,促进了信息化的形成。信息化与工业化是人类文明进程中的两个重要社会发展阶段,主要是由于科技进步和科技的广泛应用而引发社会的结构性变化。

西方发达国家是在工业化高度发展之后进入信息化社会,而我们国家是在工业化没有高度发展的情况下进行信息化建设。按照党的十六大提出的"以信息化带动工业化,以工业化促进信息化"的战略方向,我国力图通过信息化与工业化的互相促进,实现生产力的跨越式发展,强调的是信息化与工业化的互相融合、互相促进、协同发展的关系。陈禹教授以图的形式准确地表达了二者的关系,如图 1-9 所示。

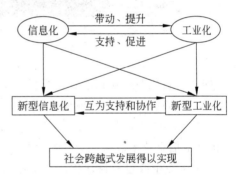

图 1-9 信息化与工业化的互相促进关系

这里所强调的是互相促进、协调发展,以信息化带动和提升工业化,同时工业化为信息化提供了物质基础和应用场合,工业化的发展对信息化不断提出更高要求,从而支持和促进信息化的发展。工业化是不可能被跨越的,跨越式发展是指实现信息化和工业化的互相促进发展。信息化带动工业化的结果是:

(1) 提高工业效率;

(2) 降低交易成本;

(3) 扩大工业机会。

作为这一战略方向的重大举措,在 2008 年 3 月 15 日,十一届全国人大一次会议第五次全体会议表决通过国务院机构改革方案,成立中华人民共和国工业和信息化部

(Ministry of Industry and Information Technology of the People's Republic of China, MIIT)。推动信息化与工业化融合,走新型工业化道路是我国经济发展的重大战略决策,也是新组建的工业和信息化部的历史使命。图1-10为工业和信息化部网站主页。

图1-10　工业和信息化部网站主页

推进信息化与工业化融合是当代促进社会发展的伟大事业,主要包括如下六个方面内容,其中(3)和(4)与本专业密切相关。

(1) 工业产品研发设计的信息化。加快推广应用计算机辅助设计、个性化定制等技术,将电子信息技术嵌入工业产品,促进产品的更新换代。

(2) 工业生产过程自动化。在工业行业中推广应用电子信息技术,改进生产方式,提高效率、降低成本。

(3) 企业和行业管理信息化。推广应用企业资源计划、业务流程管理等信息系统,强化生产经营各环节的管理,促进企业资源优化和产业链的合理化。

(4) 产品流通和市场的信息化。推广供应链管理,加强产品市场营销的信息化建设,建立完善工业现代流通体系。

(5) 培育新一代产业大军。

(6) 推动工业经济延伸发展。

1.2　信息管理与信息系统

1.2.1　数据与信息的概念

信息化的核心就是提高信息资源的利用效率。信息资源的含义有狭义和广义的区别。

狭义的信息资源：经过加工处理，对决策有用的数据。

广义的信息资源：信息活动中的各种要素。三要素：信息生产者、信息、信息技术。

前已述及，信息的概念可以从不同的角度和层次上理解，本专业主要是在应用层面上，站在信息管理的角度来看待信息。信息的概念与数据的概念紧密相关，既有区别又有联系。

数据：对事实未加解释的原始表达，可以是数字、文字、音像等。

信息：经过加工处理，对决策有用的数据。

按照这样的理解，数据和信息具有相对性，同样的一套信息资料，相对于较高层次的信息加工就是数据。信息与数据的关系见图 1-11。数据和信息的关系可以用原料与建筑物的关系来比喻，如图 1-12 所示。

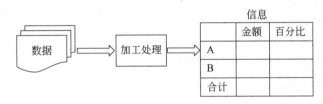

图 1-11　数据加工成信息

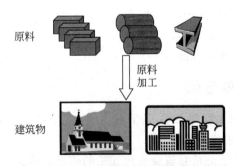

图 1-12　以原料和建筑物比喻数据和信息

1.2.2　信息管理

信息管理(information management，IM)就是对信息资源进行管理，以信息资源作为对象进行的管理活动。信息管理是人类为了有效地开发和利用信息资源，以现代信息技术为手段，对信息资源进行计划、组织、领导和控制的社会活动。微观上对信息内容的管理包括：信息的组织、检索、加工、服务等；宏观上包括：对信息机构和信息系统的管理。

把计算机网络比作"高速公路"，计算机硬件和软件比作高速公路上跑的"车"，信息资源比作"货"。如图 1-13 所示。

运输管理所要解决的问题是：

(1) 车载什么货？

(2) 车向何处去？

(3) 将货送给谁？

(4) 如何进行货物的接收、保管和配送？

与运输管理类比，信息管理所要解决的问题是：

(1) 收集什么信息？

(2) 信息服务的对象是谁？

(3) 为不同的对象提供什么样的信息服务？

图 1-13　以交通运输比喻信息管理

(4) 如何收集、加工、处理、传输信息？

对于一个组织机构，信息管理所起的作用为：

(1) 及时、准确、完整地收集信息。

(2) 支持事务处理，提高管理效率。

(3) 有效反馈信息，提高控制水平。

(4) 支持决策，提高决策水平。

(5) 降低组织机构的运行成本。

(6) 提高组织对外界的反应能力。

1.2.3　信息管理与信息化

提高信息资源的利用和管理水平，是信息化的核心任务，是信息化建设的出发点和归宿，是信息化建设效益的根本标准。

信息资源开发：将潜在的信息资源变成现实的信息资源。

信息资源利用：使现实的信息资源发挥作用、产生效益。

信息化的任务和目标要靠信息管理实现，所以信息管理是信息化的具体体现，是在信息化进程中进行的一系列管理活动。一个组织机构的信息化目标要通过信息管理活动来

完成,包括:

(1) 建立完善的信息管理体制;

(2) 建立稳定可靠的信息系统;

(3) 提高信息资源的利用和管理水平;

(4) 建立信息管理的组织机构和队伍。

1.2.4　信息系统是信息化和信息管理的基本方法

1. 信息系统的含义

信息化在各行各业的具体体现是信息管理,而信息管理所依靠的手段是各级信息系统(information system, IS)。一个组织机构的信息系统由三大部分构成:机构、人员和设备。即从事信息管理的机构、人员和设备形成的整体,构成了一个组织的信息系统,它是组织的神经系统。信息系统以现代信息技术为手段,通过信息机构和信息工作者为组织进行信息资源管理,包括信息的收集、存储、加工、传递和使用。所以说,建立信息系统是进行信息资源管理和实现信息化的核心任务。

2. 信息管理与信息系统的关系

建立稳定高效的信息系统是信息管理的核心任务,信息系统是进行信息管理的基本方法。其目的是有效地开发利用信息资源。如图 1-14 所示。

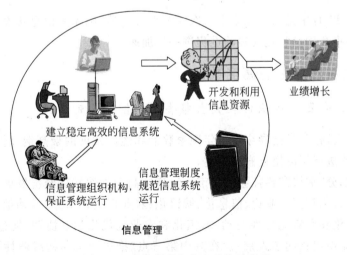

图 1-14　信息管理与信息系统的关系

3. 信息系统的基本功能

信息系统的基本功能包括五个方面:

(1) 数据和信息的收集。数据和信息的收集包括原始信息的收集和二次信息的收集,信息收集的方法包括人工录入、自动收集、系统之间的信息传递等。信息收集的关键在于两个方面:一是有目的地选取所需信息;二是正确地解释所得到的信息。

(2) 信息的存储。以一定的数据格式、存储技术和存储设备将信息保存。

(3) 信息的加工。对所收集到的信息进行某种处理,包括:筛选、提炼、综合、汇总、计算、重新排序等方式,以符合使用者的需要。

(4) 信息的传递。通过计算机网络和应用系统,在不同的地点、不同的部门之间传递信息。信息的存储与传递紧密相关,当信息集中存储在同一地点时,便于存储管理,但是增加了信息传递量;而当信息分散存储在若干地点时,虽降低了信息传递量,但是为信息的管理带来了许多问题,在实际工作中需要综合权衡。

(5) 信息的提供。信息系统的服务对象是各级管理者,通过系统界面向使用者提供所需信息。良好的人机界面一般都要具有供使用者灵活选择的功能,这就要求系统开发者深入了解系统用户的需求。

1.3 我国信息化的加速发展

在 2012 年 11 月中国共产党第十八次代表大会之后,国家对信息化发展的重视程度进一步提高,使得我国信息化发展的进程进一步加速。

1.3.1 国家对信息化的高度重视

1. 中国共产党第十八次代表大会报告中对信息化的论述

党的“十八大”报告是指导今后十年国家政治和经济发展的最高纲领性文件,在这一文件中对信息化进行了浓墨重彩的论述。

报告第四部分“加快完善社会主义市场经济体制和加快转变经济发展方式”中,明确要“坚持走中国特色新型工业化、信息化、城镇化、农业现代化道路,推动信息化和工业化深度融合、工业化和城镇化良性互动、城镇化和农业现代化相互协调,促进工业化、信息化、城镇化、农业现代化同步发展”。在其中第三点“推进经济结构战略性调整”中,提出“建设下一代信息基础设施,发展现代信息技术产业体系,健全信息安全保障体系,推进信息网络技术广泛运用”。

报告第五部分“坚持走中国特色社会主义政治发展道路和推进政治体制改革”第三点

"完善基层民主制度"中,明确要"推进信息公开"。

报告第六部分"扎实推进社会主义文化强国建设"第三点"丰富人民精神文化生活"中,提出"加强和改进网络内容建设,唱响网上主旋律。加强网络社会管理,推进网络规范有序运行"。

报告第七部分"在改善民生和创新管理中加强社会建设"第六点"加强和创新社会管理"中,提出"提高社会管理科学化水平,必须加强社会管理法律、体制机制、能力、人才队伍和信息化建设"。

报告第九部分"加快推进国防和军队现代化"中,提出"加紧完成机械化和信息化建设双重历史任务,力争到 2020 年基本实现机械化,信息化建设取得重大进展","高度关注海洋、太空、网络空间安全","提高以打赢信息化条件下局部战争能力为核心的完成多样化军事任务能力","坚定不移把信息化作为军队现代化建设发展方向,推动信息化建设加快发展",以及"深入开展信息化条件下军事训练,增强基于信息系统的体系作战能力"。

报告第十一部分"继续促进人类和平与发展的崇高事业"中,提出"世界多极化、经济全球化深入发展,文化多样化、社会信息化持续推进"。

由此可见,信息化已经成为国家战略的重要组成部分,信息化的发展是关系国家政治、经济、军事、民生和各行各业发展的关键。

2. 国家最高层对信息化的领导

2016 年 2 月 27 日,中央网络安全和信息化领导小组宣告成立,在北京召开了第一次会议。中共中央总书记、国家主席、中央军委主席习近平亲自担任组长,李克强、刘云山任副组长,再次体现了中国最高层全面深化改革、加强顶层设计的意志,显示出保障网络安全、维护国家利益、推动信息化发展的决心。

在中央网信领导小组第一次会议上,习近平总书记指出,"没有网络安全,就没有国家安全;没有信息化,就没有现代化。"会上透露出来的信息显示,领导小组将围绕"建设网络强国",重点发力以下任务:要有自己的技术,有过硬的技术;要有丰富全面的信息服务,繁荣发展的网络文化;要有良好的信息基础设施,形成实力雄厚的信息经济;要有高素质的网络安全和信息化人才队伍;要积极开展双边、多边的互联网国际交流合作。会议还强调,建设网络强国的战略部署要与"两个一百年"奋斗目标同步推进,向着网络基础设施基本普及、自主创新能力增强、信息经济全面发展、网络安全保障有力的目标不断前进。图1-15 为中央网络安全和信息化领导小组网站主页。

1.3.2　"互联网＋"行动计划

2014 年 11 月,李克强出席首届世界互联网大会时指出,互联网是大众创业、万众创新的新工具。而"大众创业、万众创新"被称为引领中国经济发展的新引擎,可见互联网的

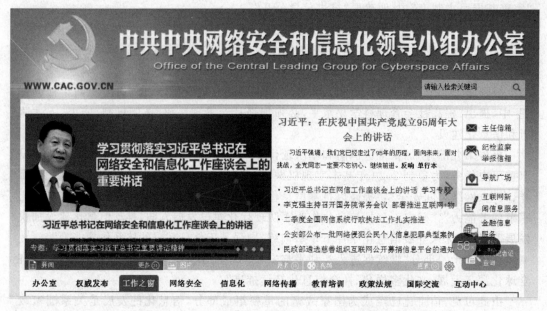

图 1-15　中央网络安全和信息化领导小组网站主页

重要性。2015 年 3 月，全国两会上(全国人大十二届三次会议和全国政协十二届三次会议)，全国人大代表马化腾提交了《关于以"互联网＋"为驱动，推进我国经济社会创新发展的建议》的议案，对经济社会的创新提出了建议和看法。他呼吁，我们需要持续以"互联网＋"为驱动，鼓励产业创新、促进跨界融合、惠及社会民生，推动我国经济和社会的创新发展。马化腾表示，"互联网＋"是指利用互联网的平台、信息通信技术把互联网和包括传统行业在内的各行各业结合起来，从而在新领域创造一种新生态。他希望这种生态战略能够被国家采纳，成为国家战略。

在 2015 年 3 月 5 日的第十二届全国人大三次会议上，李克强总理在政府工作报告中首次提出"互联网＋"行动计划。李克强指出，新兴产业和新兴业态是竞争高地。要实施高端装备、信息网络、集成电路、新能源、新材料、生物医药、航空发动机、燃气轮机等重大项目，把一批新兴产业培育成主导产业。制定"互联网＋"行动计划，推动移动互联网、云计算、大数据、物联网等与现代制造业结合，促进电子商务、工业互联网和互联网金融健康发展，引导互联网企业拓展国际市场。

马化腾解释说，"互联网＋"战略就是利用互联网的平台，利用信息通信技术，把互联网和包括传统行业在内的各行各业结合起来，在新的领域创造一种新的生态。简单地说就是"互联网＋××传统行业＝互联网××行业"，虽然实际的效果绝不是简单的相加。

"互联网＋"是一个很综合的概念，是两化融合的升级版，不仅仅是工业化，而是将互联网作为当前信息化发展的核心特征提取出来，并与工业、商业、金融业等服务业的全面融合。

1.3.3 "十三五"期间我国信息化发展战略简介

2016 年 3 月 17 日,在十二届全国人大四次会议上,我国发布了"中华人民共和国国民经济和社会发展第十三个五年规划纲要"(简称"十三五"规划),是指导我国未来五年国民经济和社会发展的总纲,标志着我国的国民经济和社会发展进入了新起点、开始了新征程。报告中对各行各业,包括信息化的发展做出了战略性、纲领性规划,特别是对信息化的发展规划尤其全面和详尽,甚至细化到了某些具体要求和技术指标要求。下面结合"十三五"规划报告有关原文、业内人士(陆峰,2016)的解读和作者的理解进行简要介绍。

1. 信息化是国家创新驱动发展战略的重要部分

报告第二篇"实施创新驱动发展战略"中提出"把发展基点放在创新上,以科技创新为核心,以人才发展为支撑,推动科技创新与大众创业、万众创新有机结合,塑造更多依靠创新驱动,更多发挥先发优势的引领型发展。"在国家创新驱动发展战略中,信息技术、信息资源利用、大数据技术和互联网技术都是重要内容。

2. 以信息技术推动产业的转型、创新和升级

在报告第四篇"推进农业现代化"之第二十章"提高农业技术装备和信息化水平"中,提出了"健全现代农业科技创新推广体系,加快推进农业机械化,加强农业与信息技术融合,发展智慧农业,提高农业生产力水平。"在报告第五篇"优化现代产业体系"之第二十二章"实施制造强国战略"中,提出"深入实施《中国制造 2025》,以提高制造业创新能力和基础能力为重点,推进信息技术与制造技术深度融合,促进制造业朝高端、智能、绿色、服务方向发展,培育制造业竞争新优势。"报告提出了"加快推动服务业优质高效发展"的目标,信息化同样是必不可少的重要途径和手段。

互联网与农业、工业和服务业的融合将更加紧密,互联网将会更加强烈地推动各领域业态和模式创新。农业物联网将会得到大规模应用,农业电子商务将会得到大规模发展,农业节水节肥、控温控湿和保氧保质能力得到显著提高,精准农业、精细农业、订单农业将会普及推广。"十三五"期间互联网将成为工业转型升级最为核心的驱动力,工业主动适应经济新常态,大规模个性化定制,产品质量型和差异化竞争,将迫使工业积极主动拥抱互联网。基于互联网的按需制造、柔性制造、数据制造、绿色制造等新型生产模式将会成为工业的主流生产模式。从服务业来看,电子商务和服务的融合将会更加紧密,电子商务应用模式的创新,C2B 电子商务、社区电商、移动电商、跨境电商和电商 O2O 服务等各种电商模式,将普遍推动服务业提档升级。

3. 实施网络强国战略

在报告第六篇"拓展网络经济空间"中，提出"牢牢把握信息技术变革趋势，实施网络强国战略，加快建设数字中国，推动信息技术与经济社会发展深度融合，加快推动信息经济发展壮大"。该篇各章题目为：

第二十五章　构建泛在高效的信息网络。

第二十六章　发展现代互联网产业体系。

第二十七章　实施国家大数据战略。

第二十八章　强化信息安全保障。

从国家战略布局来看，"十三五"信息化发展必须紧紧围绕落实"四个全面"和"互联网＋行动计划"等几大国家战略布局。"十三五"信息网络将会成为最为重要的战略性基础设施。移动互联网、物联网等信息网络应用将更加深入到经济社会发展的各领域，信息网络对经济社会的渗透将更为深刻、影响更为强烈。同时，"十三五"期间我国互联网发展将从消费互联网时代全面迈入产业互联网时代，信息网络的触角将触及生产生活各个领域，智能电网、智能水网、智能交通、智能家居、工业互联网、农业物联网、电子商务平台等各种生产生活应用均与信息网络息息相关，信息网络成为了与支撑经济社会快速运转的公路、铁路等交通要道同等重要，又如支撑工业机器正常运转的电力能源一样必需。

"十三五"期间信息资源将开始成为必不可少的生产要素。信息化的本质是联网和数据流动，信息化的效能要释放出来，必须依靠网络让数据资源在更大范围内充分流动起来，促进信息资源成为驱动整个生产、经营、销售和消费的最核心的要素。

"十三五"期间网络安全将会触及经济社会发展的各个领域。由于互联网在工业、农业、服务业等领域各环节的普遍应用，互联网对各个领域的影响如同支撑工业经济发展的电和水一样重要，网络安全的影响将会从网络本身全面延伸到实体经济。信息网络的影响将不再是局部和领域性，而成为了影响经济社会发展的全局性问题。

1.4　我国信息化发展战略

2006 年 5 月，中共中央办公厅、国务院办公厅印发了《2006—2020 年国家信息化发展战略》，经过 10 年的努力至 2016 年 7 月，我国信息化建设事业取得了超出预计的巨大进步，同时国际国内形势发生了重大变化，有必要对原计划做出调整和发展。鉴于此，中共中央办公厅、国务院办公厅于 2016 年 7 月 27 日正式发布了《国家信息化发展战略纲要》（以下简称纲要），作为规范和指导国家未来 10 年信息化发展的纲领性文件。由于文件的权威性和明确性，以下内容基本摘录文件原文，只是按照本教材统一范式编制题目并在内容上有所简化。

1.4.1　纲要的意义与新的形势

1. 纲要的意义

当今世界,信息技术创新日新月异,以数字化、网络化、智能化为特征的信息化浪潮蓬勃兴起。没有信息化就没有现代化。适应和引领经济发展新常态,增强发展新动力,需要将信息化贯穿我国现代化进程始终,加快释放信息化发展的巨大潜能。以信息化驱动现代化,建设网络强国,是落实"四个全面"战略布局的重要举措,是实现"两个一百年"奋斗目标和中华民族伟大复兴的中国梦的必然选择。

本战略纲要是根据新形势对《2006—2020年国家信息化发展战略》的调整和发展,是规范和指导未来10年国家信息化发展的纲领性文件,是国家战略体系的重要组成部分,是信息化领域规划、政策制定的重要依据。

2. 国家信息化发展的基本形势

人类社会经历了农业革命、工业革命,正在经历信息革命。当前,以信息技术为代表的新一轮科技革命方兴未艾,互联网日益成为创新驱动发展的先导力量。信息技术与生物技术、新能源技术、新材料技术等交叉融合,正在引发以绿色、智能、泛在为特征的群体性技术突破。信息、资本、技术、人才在全球范围内加速流动,互联网推动产业变革,促进工业经济向信息经济转型,国际分工新体系正在形成。网信事业代表新的生产力、新的发展方向,推动人类认识世界、改造世界的能力空前提升,正在深刻改变着人们的生产生活方式,带来生产力质的飞跃,引发生产关系重大变革,成为重塑国际经济、政治、文化、社会、生态、军事发展新格局的主导力量。全球信息化进入全面渗透、跨界融合、加速创新、引领发展的新阶段。

随着世界多极化、经济全球化、文化多样化、社会信息化深入发展,全球治理体系深刻变革,谁在信息化上占据制高点,谁就能够掌握先机、赢得优势、赢得安全、赢得未来。发达国家持续推动信息技术创新,不断加快经济社会数字化进程,全力巩固领先优势。发展中国家抢抓产业链重组和调整机遇,以信息化促转型发展,积极谋求掌握发展主动权。世界各国加快网络空间战略布局,围绕关键资源获取、国际规则制定的博弈日趋尖锐复杂。加快信息化发展,建设数字国家已经成为全球共识。

进入新世纪特别是党的十八大以来,我国信息化取得长足进展,但与全面建成小康社会、加快推进社会主义现代化的目标相比还有差距,坚持走中国特色信息化发展道路,以信息化驱动现代化,建设网络强国,迫在眉睫、刻不容缓。目前,我国网民数量、网络零售交易额、电子信息产品制造规模已居全球第一,一批信息技术企业和互联网企业进入世界前列,形成了较为完善的信息产业体系。信息技术应用不断深化,"互联网＋"异军突起,经济社会数字化、网络化转型步伐加快,网络空间正能量进一步汇聚增强,信息化在现代化建设全局中引领作用日益凸显。同时,我国信息化发展也存在比较突出的问题,主要是:核心技术和设备受制于人,信息资源开发利用不够,信息基础设施普及程度不高,区域和城乡差距比较明显,网络安全面临严峻挑战,网络空间法治建设亟待加强,信息化在促进经济社会发展、服务国家整体战略布局中的潜能还没有充分释放。

我国综合国力、国际影响力和战略主动地位持续增强,发展仍处于可以大有作为的重要战略机遇期。从国内环境看,我国已经进入新型工业化、信息化、城镇化、农业现代化同步发展的关键时期,信息革命为我国加速完成工业化任务、跨越"中等收入陷阱"、构筑国际竞争新优势提供了历史性机遇,也警示我们面临不进则退、慢进亦退、错失良机的巨大风险。站在新的历史起点,我们完全有能力依托大国优势和制度优势,加快信息化发展,推动我国社会主义现代化事业再上新台阶。

1.4.2　指导思想、战略目标和基本方针

1. 指导思想

高举中国特色社会主义伟大旗帜,全面贯彻落实党的十八大和十八届三中、四中、五中全会精神,以邓小平理论、"三个代表"重要思想、科学发展观为指导,深入学习贯彻习近平总书记系列重要讲话精神,紧紧围绕"五位一体"总体布局和"四个全面"战略布局,牢固树立创新、协调、绿色、开放、共享的发展理念,贯彻以人民为中心的发展思想,统筹国内国际两个大局,统筹发展安全两件大事,坚持走中国特色信息化发展道路,坚持与实现"两个一百年"奋斗目标同步推进,以信息化驱动现代化为主线,以建设网络强国为目标,着力增强国家信息化发展能力,着力提高信息化应用水平,着力优化信息化发展环境,推进国家治理体系和治理能力现代化,努力在践行新发展理念上先行一步,让信息化造福社会、造福人民,为实现中华民族伟大复兴的中国梦奠定坚实基础。

2. 战略目标

到 2020 年,固定宽带家庭普及率达到中等发达国家水平,第三代移动通信(3G)、第四代移动通信(4G)网络覆盖城乡,第五代移动通信(5G)技术研发和标准取得突破性进展。信息消费总额达到 6 万亿元,电子商务交易规模达到 38 万亿元。核心关键技术部分领域达到国际先进水平,信息产业国际竞争力大幅提升,重点行业数字化、网络化、智能化取得明显进展,网络化协同创新体系全面形成,电子政务支撑国家治理体系和治理能力现代化坚实有力,信息化成为驱动现代化建设的先导力量。

互联网国际出口带宽达到 20 太比特/秒(Tbps),支撑"一带一路"建设实施,与周边国家实现网络互联、信息互通,建成中国—东盟信息港,初步建成网上丝绸之路,信息通信

技术、产品和互联网服务的国际竞争力明显增强。

到 2025 年,新一代信息通信技术得到及时应用,固定宽带家庭普及率接近国际先进水平,建成国际领先的移动通信网络,实现宽带网络无缝覆盖。信息消费总额达到 12 万亿元,电子商务交易规模达到 67 万亿元。根本改变核心关键技术受制于人的局面,形成安全可控的信息技术产业体系,电子政务应用和信息惠民水平大幅提高。实现技术先进、产业发达、应用领先、网络安全坚不可摧的战略目标。

互联网国际出口带宽达到 48 太比特/秒(Tbps),建成四大国际信息通道,连接太平洋、中东欧、西非北非、东南亚、中亚、印巴缅俄等国家和地区,涌现一批具有强大国际竞争力的大型跨国网信企业。

到 21 世纪中叶,信息化全面支撑富强民主文明和谐的社会主义现代化国家建设,网络强国地位日益巩固,在引领全球信息化发展方面将有更大作为。

3. 基本方针

(1) 统筹推进。统筹党政军各方力量,统筹发挥市场和政府作用,统筹阶段性目标和长远目标,统筹各领域信息化发展重大问题,确保国家信息化全面协调可持续健康发展。

(2) 创新引领。全面实施创新驱动发展战略,把创新发展作为应对发展环境变化、增强发展动力、把握发展主动权,更好引领经济发展新常态的根本之策。

(3) 驱动发展。最大程度发挥信息化的驱动作用,实施国家大数据战略,推进"互联网＋"行动计划,引导新一代信息技术与经济社会各领域深度融合,推动优势新兴业态向更广范围、更宽领域拓展,全面提升经济、政治、文化、社会、生态文明和国防等领域信息化水平。

(4) 惠及民生。坚持以造福社会、造福人民为工作的出发点和落脚点,发挥互联网在助推脱贫攻坚中的作用;紧紧围绕人民期待和需求,以信息化促进基本公共服务均等化,让亿万人民在共享互联网发展成果上有更多获得感。

(5) 合作共赢。坚持国家利益在哪里、信息化就推进到哪里,围绕"一带一路"建设,加强网络互联、促进信息互通,加快构建网络空间命运共同体;用好国内国际两个市场两种资源、网上网下两个空间,主动参与全球治理,不断提升国际影响力和话语权。

(6) 确保安全。网络安全和信息化是一体之两翼、驱动之双轮,必须统一谋划、统一部署、统一推进、统一实施,做到协调一致、齐头并进;切实防范、控制和化解信息化进程中可能产生的风险,以安全保发展,以发展促安全,努力建久安之势、成长治之业。

1.4.3　大力增强信息化发展能力

1. 发展核心技术,做强信息产业

信息技术和产业发展程度决定着信息化发展水平。我国正处于从跟跑并跑向并跑领跑转变的关键时期,要抓住自主创新的牛鼻子,构建安全可控的信息技术体系,培育形成具有国际竞争力的产业生态,把发展主动权牢牢掌握在自己手里。包括以下要点:

(1) 构建先进技术体系。

(2) 加强前沿和基础研究。

(3) 打造协同发展的产业生态。

(4) 培育壮大龙头企业。

(5) 支持中小微企业创新。

2. 夯实基础设施,强化普遍服务

泛在先进的基础设施是信息化发展的基石。要加快构建陆地、海洋、天空、太空立体覆盖的国家信息基础设施,不断完善普遍服务,让人们通过网络了解世界、掌握信息、摆脱贫困、改善生活、享有幸福。

3. 开发信息资源,释放数字红利

信息资源日益成为重要的生产要素和社会财富,信息掌握的多寡、信息能力的强弱成为衡量国家竞争力的重要标志。当前,我国信息资源开发利用不足与无序滥用的现象并存,要加强顶层设计和系统规划,完善制度体系,全面提升信息采集、处理、传输、利用、安全能力,构筑国家信息优势。包括以下要点:

(1) 加强信息资源规划、建设和管理。

(2) 提高信息资源利用水平。

(3) 建立信息资源基本制度体系。

4. 优化人才队伍,提升信息技能

要完善人才培养、选拔、使用、评价、激励机制,破除壁垒,聚天下英才而用之,为网信事业发展提供有力人才支撑。包括以下要点:

(1) 造就一批领军人才。

(2) 壮大专业人才队伍。

(3) 完善人才激励机制。

(4) 提升国民信息技能。

1.4.4 着力提升经济社会信息化水平

1. 培育信息经济,促进转型发展

加快建设数字中国、大力发展信息经济是信息化工作的重中之重。要围绕推进供给

侧结构性改革,发挥信息化对全要素生产率的提升作用,培育发展新动力,塑造更多发挥先发优势的引领型发展,支撑我国经济向形态更高级、分工更优化、结构更合理的阶段演进。包括如下要点:

(1) 推进信息化和工业化深度融合。

(2) 加快推进农业现代化。

(3) 推进服务业网络化转型。

(4) 促进区域协调发展。

(5) 夯实发展新基础。

(6) 优化政策环境。

2. 深化电子政务,推进国家治理现代化

适应国家现代化发展需要,更好用信息化手段感知社会态势、畅通沟通渠道、辅助科学决策。持续深化电子政务应用,着力解决信息碎片化、应用条块化、服务割裂化等问题,以信息化推进国家治理体系和治理能力现代化。

3. 繁荣网络文化,增强国家软实力

互联网是传播人类优秀文化、弘扬正能量的重要载体。要始终坚持社会主义先进文化前进方向,坚持正确舆论导向,遵循网络传播规律,弘扬主旋律,激发正能量,大力培育和践行社会主义核心价值观,发展积极向上的网络文化,把中国故事讲得愈来愈精彩,让中国声音愈来愈洪亮。

4. 创新公共服务,保障和改善民生

围绕人民群众最关心最直接最现实的利益问题,大力推进社会事业信息化,优化公共服务资源配置,降低应用成本,为老百姓提供用得上、用得起、用得好的信息服务,促进基本公共服务均等化。

5. 服务生态文明建设,助力美丽中国

建设生态文明是关乎人民福祉和民族未来的长远大计。要着力破解资源约束趋紧、环境污染严重、生态系统退化问题,构建基于信息化的新型生态环境治理体系,加快建设天蓝、地绿、水净的美丽中国。

6. 加快信息强军,构建现代军事力量体系

积极适应国家安全形势新变化、信息技术发展新趋势和强军目标新要求,坚定不移把信息化作为军队现代化建设发展方向,贯彻军民融合深度发展战略思想,在新的起点上推

动军队信息化建设跨越发展。

1.4.5 不断优化信息化发展环境

1. 推进信息化法治建设

依法推进信息化、维护网络安全是全面依法治国的重要内容。要以网络空间法治化为重点,发挥立法的引领和推动作用,加强执法能力建设,提高全社会自觉守法意识,营造良好的信息化法治环境。

2. 加强网络生态治理

网络空间是亿万民众共同的精神家园。网络空间天朗气清、生态良好,符合人民利益。坚持正能量是总要求、管得住是硬道理,创新改进网上正面宣传,加强全网全程管理,建设为民、文明、诚信、法治、安全、创新的网络空间,使网络空间清朗起来。

3. 维护网络空间安全

树立正确的网络安全观,坚持积极防御、有效应对,增强网络安全防御能力和威慑能力,切实维护国家网络空间主权、安全、发展利益。

1.4.6 体制保障和组织实施

要加强统筹协调,有力整合资源,形成推进合力,切实将各项战略任务落到实处,确保战略目标如期实现。

本章小结

学习本章,首先要联系我们目前所处的社会环境、工作环境和生活环境,体会信息化已经深入到了现代社会的方方面面。进一步认识到信息化是实现现代化的必然选择,重点理解如何处理好工业化和信息化的关系。在掌握数据和信息的概念基础上,初步理解信息化、信息管理和信息系统三者之间的关系。在了解我国信息化发展战略的主要内容的基础上,重点了解"十八大"以后我国信息化加速发展的情况和"十三五"期间信息化发展战略要点,其中重点理解"互联网+"的含义。

思考和练习题

1. 选择题

下面 10 道单项选择题最好在课堂上做,课后做也可,鼓励认真思考和讨论,不要查看任何参考书。学生做后教师要给予适当讲解。尽管涉及以后的课程,多数题经过认真思考可以做对,个别做不出的题目也可增加进一步的学习兴趣。

(1)信息管理离不开对数据的处理,数据是(　　)。

    A. 只能是数字,例如:1,2,3,…　　B. 只能是文字

    C. 可以是数字、文字、声音、图像等　　D. 是各种电信号

(2)信息管理与信息系统中的信息是指(　　)。

    A. 各类数据　　B. 经过人为加工整理的数据

    C. 各种电信号　　D. 各类编程语言

(3)你在决定填报高考志愿时,你本人和家长所查阅的各个大学的录取分数、招生情况、报考情况和考生成绩水平等资料,对你来说这些资料属于(　　)。

    A. 数据　　B. 信息

    C. 知识　　D. 消息

(4)一个获得过诺贝尔经济奖的美国教授认为,管理即决策,而决策分为四个大步骤,根据你以往的决策经验,如下哪项是正确的?(　　)

    A. 情报活动—设计方案—选择方案—执行方案

    B. 设计方案—情报活动—选择方案—执行方案

    C. 情报活动—选择方案—设计方案—执行方案

    D. 执行方案—设计方案—选择方案—情报活动

(5)任何管理活动都离不开四大过程,这四大过程的排序是(　　)。

    A. 计划—组织—领导—控制　　B. 组织—领导—计划—控制

    C. 领导—计划—组织—控制　　D. 控制—计划—组织—领导

(6)张先生于2005年在某商店购买了某品牌冰箱,该商店为了送货需要,留下张先生的电话、地址等个人信息。在2007年的某日,张先生给生产该品牌产品的企业(而不是原零售商店)打电话欲再购该品牌空调机,对方接到电话后,没等张先生开口就首先说:"张先生您好,您于2005年购买的本公司X型冰箱用得好吗?现在需要什么服务?"请问该企业所用的信息系统属于(　　)系统。

    A. 企业资源计划　　B. 供应链管理

    C. 客户关系管理　　D. 办公自动化

(7)请看一下你的学号,它的编写是(　　)。

    A. 班主任随便编的

    B. 只是一个表示学生顺序的号码

    C. 班主任按照学校的统一编号标准进行编排的

    D. 是机器产生的一个具有唯一性的随机号码

(8)你一定有许多亲朋好友,你可能将他们的联系方式记录在本子上或计算机的

Word 文档之中,这种行为(　　　)。

  A. 不属于信息管理

  B. 属于信息管理,但限于文件形式

  C. 使用了数据库管理系统进行信息管理

  D. 使用了计算机则属于信息管理,否则不属于信息管理

(9) 如下图所示,在一个计算机局域网中,这应该是什么设备?(　　　)

  A. 路由器   B. 交换机

  C. 服务器   D. 电源

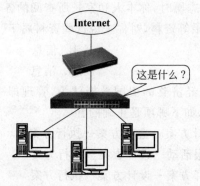

(10) 有人要开发一套学生成绩管理信息系统,先设计了一个流程图,下面的流程图具有明显错误,请指出改正方法。(　　　)

  A. 去掉 F3   B. 去掉 F6,增加 F2

  C. 去掉 F5   D. 去掉 F4

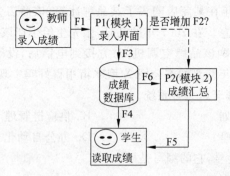

2. 简答题

(1) 我国在发展的问题上应如何处理好工业化与信息化的关系?

(2) 信息化、信息管理和信息系统具有何种关系?

　　(3) 我国的《国家信息化发展战略纲要》是一套完整的体系,思考各个组成部分之间的关系。

　　(4) 通过互联网检索以下这些名词的主要含义:互联网+、云计算、大数据、物联网。

本章参考文献

[1]　陈禹,杨波. 信息管理与信息系统概论[M]. 北京:中国人民大学出版社,2005.

[2]　杨善林,李兴国,何建民.信息管理学[M].北京:高等教育出版社,2005.

[3]　闪四清. 管理信息系统教程[M]. 第 2 版. 北京:清华大学出版社,2007.

[4]　中华人民共和国工业和信息化部网站,http://www.miit.gov.cn/,2009.7.23.

[5]　李毅中. 坚定不移地走中国特色新型工业化道路[J]. 求是,2008(20).

[6]　中共中央办公厅,国务院办公厅. 2006—2020 年国家信息化发展战略,2006.

[7]　习近平. 在中央网络安全和信息化领导小组第一次会议上的讲话. 中华人民共和国家互联网信息办公室,http://www.cac.gov.cn/,2016.7.22.

[8]　李克强. 第十二届全国人大会第三次会议政府工作报告. 人民网,http://he.people.com.cn/n/2015/0317/c192235-24177313.html,2016.7.22.

[9]　中华人民共和国国民经济和社会发展第十三个五年规划纲要. 中国网,http://www.china.com.cn/lianghui/news/2016-03/17/content_38053101.htm,2016.3.23.

[10]　陆峰. "互联网+"战略下十三五信息化规划编制思路. 赛迪智库,http://www.ccidthinktank.com/plus/view.php?aid=7348;2016.3.23.

第2章

信息管理与信息系统专业概述

问题找谁解决

有两家位于相同行业及处于相似经营状况的企业 A 和企业 B,同时投资安装了管理信息系统(management information system,MIS),即某品牌的企业资源计划系统(enterprise resource planning, ERP)。两年后,企业 A 由于使用 MIS 得当,管理及利润等更上一层楼;企业 B 却因为使用 MIS 不当,销售下降。企业 B 可能会去找软件公司投诉,花费了大量资金购买的 MIS 产品非但没能使其受益,反而受损。销售 ERP 的公司很可能会反驳说,我的系统软件是世界首屈一指的,你现在没能指出软件产品中哪一个功能模块及系统有问题,而且 MIS 系统也使与你同类的企业在管理及营销上双丰收,足以证明我的 ERP 系统没有问题,而是你企业本身的管理及 ERP 的使用有问题,并非是我们作为 ERP 系统开发的技术人员(计算机技术人员)所能帮助你解决的问题。企业 B 又去找管理学教授,管理学教授可能会说,我们或许可以从公司组织结构、组织行为及企业文化等方面作一点研究并给予一些参考意见,但此问题涉及的主角是 ERP 系统应用带来的管理方面的问题,并非传统管理学所能解决的问题。这样,这个现实存在的问题,既非技术人员的问题,也非传统管理学的问题,到底应该找谁去解决呢?

这是一个典型的 MIS 问题,鉴于这样的时代背景,作为管理和计算机交叉的一个领域,在学术界需要对其问题进行整理提炼、对其知识进行归纳、对其独特规律进行研究,因而形成新的学科;在实践中,不论是政府行政管理还是企业管理,需要既熟悉管理业务,又精通计算机技术的人才;在教育界,一方面基于对这一领域知识的探索,同时面临社会对这类复合型人才的需求,信息系统类专业便应运而生。

2.1　信息管理与信息系统专业的建立

2.1.1　管理信息系统专业的起源

在知识界，经常面对两个概念，即学科与专业，二者既有区别又有紧密联系。学科强调的是对知识的分类，侧重对知识的研究和探索；专业是高等学校根据社会行业和岗位对人才的知识和技能的需要，对学生的学业领域进行的分类。专业要以学科为基础而建立，学科要通过专业在社会中得到应用。对于一个具体知识领域，例如信息系统，称其为学科还是专业往往并不分明，只是在不同场合所强调的侧重点不同。当称其为学科时，是侧重对这一领域知识体系的整理和科学规律的研究；当称其为专业时，主要侧重这一领域的教学、技能培训和具体技术的应用。

管理信息系统（MIS）是一个较新的交叉学科，是计算机科学、管理科学及行为科学等的交叉组合。电子计算机于 20 世纪 50 年代以后开始被用于组织中的日常数据处理，如工资管理、库存管理、生产进度控制等，进而迅速成为支持现代工业发展的有力的自动化工具。此时，美国明尼苏达大学（University of Minnesota）一位独具慧眼的会计系教授 Gordon B. Davis 敏捷地认识到，计算机技术不仅是一个将工业生产及操作自动化的工具，还将对现代管理、企业组织结构及运作等产生深远而重大的影响，而对企业的非技术性的影响却是传统计算机科学及当时的管理科学都不研究的对象。1967 年，Gordon 教授及其同事们在明尼苏达创立了世界上第一个管理信息系统（MIS）专业，同时也奠定了他作为 MIS 学科之父的基础。

此后，MIS 专业在国际上发展迅速，出现了一些不同流派和学术团体，在 20 世纪 80 年代末到 90 年代初期，世界 MIS 学科的不同学术团体汇集一堂，成立了国际 MIS 界的最高学术组织——国际信息系统协会（Association of Information Systems, AIS）。在以后的几年，AIS 推出了 MIS 专业的核心课程和能力要求，根据 AIS 建议，MIS 专业毕业生应该在以下几方面得到正规的培训与教育：人际关系沟通与团队合作技能、商业知识、企业组织过程发展、信息系统的分析与设计、项目管理、数据库技术、网络技术、软件开发、网站编程技术以及系统集成等。2005 年 11 月，信息系统协会中国分会（China Association for Information Systems, CNAIS）成立，成为中国学者在本学科学术交流、资源共享的一个平台。

Gordon 教授于 2007 年为我国的《信息系统学报》创刊作序时写道："设立这一学科的初衷在于我们和这个领域中的许多领导者都意识到计算机技术在提升组织管理能力方面的巨大潜能，具体表现在为组织中各级决策者提供更好的、及时的、以决策为导向的信息。我们意识到在计算机革命冲击下的组织需要能够理解和运用计算机潜能的分析师和管理人员,也需要新的组织功能(信息系统或信息管理)来开发、实施和管理信息系统和信息资源。"

2.1.2　我国信息管理与信息系统专业的建立

随着信息化进程的深入,越来越需要既懂管理专业又具有计算机技术的复合型人才,教育界认识到了开办这类复合型专业正是适应了社会发展的需要。1978 年中国人民大学在国内率先建立了"经济信息管理"专业,其后各财经院校以及具有经济管理优势的综合大学,都陆续设立了经济信息管理专业。1980 年,清华大学在经济管理学院首办"管理信息系统"专业,由侯炳辉教授负责,将该专业作为计算机科学与技术和管理科学结合的复合型专业,设计了该专业的培养目标和课程体系结构。自此之后,各理工科大学也陆续设立了"管理信息系统"专业。

1998 年教育部调整学科专业目录,把原有的管理信息系统、经济信息管理、科技信息、图书情报检索、信息学及林业信息管理这五个专业合并为"信息管理与信息系统"专业,作为管理学门类中"管理科学与工程"一级学科之下的一个二级学科。后来教育部对高等学校本科专业目录进行了多次修订,颁布了"普通高校本科专业目录(2012)",共分为并列的 12 个学科门类,门类中有类,类以下为专业,信息管理与信息系统专业的位置和专业代号如下:

12　学科门类:管理学

　　1201　管理科学与工程类

　　　　120101　管理科学

　　　　120102　信息管理与信息系统

　　　　120103　工业工程

　　　　……

　　1202　工商管理类

由于学科比专业涉及的知识更基础、更广泛,所以一般在学术界常说"信息系统学科"。我国信息系统学科主流学者经过不断努力,于 2005 年提出了"中国高等院校信息系统学科课程体系(征求意见版)",该报告从我国社会对信息系统专业的需求调查研究开始,借鉴美国信息系统学科的本科教学体系,阐述了信息系统知识体系,进而设计了信息系统课程体系与主干课的教学大纲。2008 年,教育部管理科学与工程类学科专业教学指导委员会提出了"信息管理与信息系统本科专业规范(草案框架)"。两个文件构成了学科研究与专业建设的指导性框架。

2.1.3　对信息系统学科发展阶段的探讨

从 20 世纪 60 年代至今,信息系统学科从创立到发展壮大,经历了大约 50 年的历程。

尽管信息系统是一个年轻的学科,但在这 50 年时间里发生了巨大变化,其受到世人的关注程度日益提高,并不亚于某些成熟学科,其光明的发展前景已经不容置疑。因此,探讨学科的发展历程,对于理清学科发展脉络、认清学科发展轨迹,进而指导学科进一步向纵深发展是一件有意义的工作。新西兰奥克兰大学的迈克尔(Michael D. Myers)教授根据不同时期信息系统学科出现的显著特征,提出了信息系统发展的三阶段论述,指出本学科目前属于从成长期走向成熟期的过渡阶段。

1. 婴儿期

从 20 世纪 60 年代到 80 年代,属于信息系统学科的婴儿期,这一时期的主要特征为:

(1) 许多大学开始在商学院或管理学院建立信息系统系,开设信息系统的学位课程。

(2) 计算机作为一种解决政府部门和工商业管理问题的工具被广泛应用。例如,国际著名的大型计算机公司"国际商业机器公司(IBM)"的名称就表明了这一点。

(3) 在学术上,本学科创立了自己的期刊,并召开了第一届年会。

在这一时期,信息系统学科的研究领域还比较狭窄,研究方法比较少,多为实证研究和定量研究,学科的独立性还不够高。

2. 成长期

在 20 世纪 90 年代的 10 年期间里,信息系统学科进入了成长期,其重要特征为:

(1) 研究方法多样化。包括定性研究和定量研究,实证研究和解释性研究。

(2) 成立了自己的学会。信息系统协会(AIS)的成立,是信息系统学科从婴儿期走向成长期的主要标志。

(3) 信息系统学科的研究领域不断扩张,学科独立性明显增强。

3. 走向成熟

从 2000 年开始至 2009 年的这 10 年,是这个学科从成长走向成熟的过渡时期,表现在若干方面:

(1) 研究方法和途径的多样性已经在很高的层面上被广泛接受。

(2) 组织的若干学科会议和著名学科期刊获得了很高的声誉和权威。

(3) 研究领域明显扩大,包括:企业信息系统、组织之间的信息系统、知识管理、电子政务、电子商务和移动信息系统等。

在展望本学科的未来发展趋势时,迈克尔教授比较谨慎地提出了可能的趋势,例如随着学科领域不断扩张而产生新的分支学科、在大学中信息系统系不再隶属于商学院而成为独立的学院、学科的研究对象从组织管理领域扩展到整个社会和一般的人。

事实上这些苗头已经出现,让我们拭目以待。对于我们学习者来说,比迈克尔教授的论点更为重要的是他观察事物、研究问题的方法。

4. 新时代、新问题

2010 至今,自从进入 2010 年之后,信息技术和应用发生了巨大变化,开启了一个新的年代。给这个年代取什么名字不重要,重要的是把握时代特征,与时俱进跟上时代发展。这个年代的潮流主要表现在两个方面,一是信息化与制造业的深度融和,二是大数据的快速发展与广泛应用。

在信息化与产业深度融合方面,2011 年德国率先提出了"关于实施工业 4.0 战略",称物联网和制造业服务化宣告了第四次工业革命的到来。之后,美国于 2012 年提出了"国家先进制造战略",主要是运用现代信息技术、生物化工技术和新材料提升制造技术和开发新产品。2015 年 3 月 5 日,李克强在全国两会上作《政府工作报告》时首次提出"中国制造 2025"的宏大计划,争取用 10 年时间使我国制造业迈向世界先进行列,其中信息化是该计划的关键内容。计划要求"制造业信息化水平大幅提升"。"两化(工业化和信息化)融合迈向新台阶。""制造业数字化、网络化、智能化取得明显进展"。

随着信息系统和互联网的深入发展和广泛应用,人类社会和各类组织机构在各种应用系统、互联网和移动通信系统等各类信息系统中累积了大量的、多种形式的数据,这些数据是人类的组织机构、人类群体和个体所进行一切活动所留下的痕迹。对这些数据痕迹进行系统收集、整理和分析,无疑可以发现人类活动的秘密和规律,从而为国家治理、企业经营和社会管理提供有价值的服务。大约在 2010 年前后,一股大数据浪潮自美国加州席卷世界。我国政府给予了高度重视,2015 年 9 月,国务院印发《促进大数据发展行动纲要》,把推动大数据发展和应用上升到国家战略发展层面。对大数据的开发应用,包括数据收集、数据清理和整理、数据分析和数据展示等环节,每个环节都有其理论、方法、技术和实现工具。

在信息系统领域,实践走在了学科理论的前面,对管理科学与工程学科以及信息管理与信息系统专业提出了新的课题、新的挑战。冯芷艳等(2013)对我国管理科学界主流学者对大数据背景下的商务管理前言课题的观点进行了总结,指出"从管理学的角度应用大数据技术以支持商业分析和决策,已经成为商学院教育的热点方向,这个趋势已经在欧美商学院中相继展开。以数据驱动为主导的金融、市场、战略、营销和运作管理研究和实践指导,将成为未来商学院重点发展的核心领域。"

2.1.4　信息系统学科改革的需要

前已述及,时代的发展对学科发展提出了挑战,同时对学科下的专业如何发展同样存在如何改革的问题。我国本专业的开创者之一侯炳辉教授(2011)撰文指出本专业在我国建立已经历经 30 年,需要随着时代的发展而改革。本专业建立初期重在传授信息系统的基础知识、培养学生信息系统的开发能力。目前,信息系统的开发思想相对比较成熟,也有许多有效的开发工具和专门的开发队伍,只强调系统开发专业知识就显得有些单薄。所以,除了保持信息系统开发这个核心专业知识以外,还应增加一些新内容。

在大数据时代,数据分析师之类的职业应运而生。国内外一些高校的本专业在教学中加入了许多数据分析内容。明小波等学者(2011)提出了大数据时代信息类学科培养现代信息分析师的能力和知识体系结构,如图 2-1 所示。

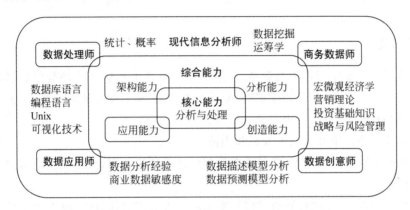

图 2-1　现代信息分析师的能力和知识体系结构

从我们的专业调查中发现,如果要使本专业的学生在职场竞争中具有一定优势的话,必须在教学中突出某方面应用能力培养。这些能力要切合职场需要,在培养中需要进行校企合作联合培养,加大实践力度的学时。除了传统的信息系统开发知识和能力培养外,在选修课程设置、实践课程安排和校企合作方面,可以突出不同特色,包括:以 ERP 为核心的企业系统实施和应用、Web 系统开发和网站建设、数据分析等方面。

2.2　信息管理与信息系统专业的培养任务

某专业的培养任务由培养目标、规格定位,对培养对象的素质、能力和知识要求等方面共同组成。

2.2.1　教育部对本专业培养任务的总体要求

教育部高等教育司所制定的《普通高等学校本科专业目录和专业介绍(2012 年)》对各个学科类和专业提出了总体要求,对信息管理与信息系统专业的培养任务要求如下。

1. 培养目标

本专业培养适应国家经济建设、科技进步和社会发展的需要,德、智、体等方面全面发展,具有高尚健全的人格、一定的国际视野、强烈的民族使命感和社会责任感、宽厚的专业基础和综合人文素养,具有一定的创新能力和领导潜质,具备良好的数理基础、管理学和经济学理论知识、信息技术知识及应用能力,掌握信息系统规划、分析、设计、实施和管理等方面的方法与技术,具有一定的信息系统和信息资源开发利用实践和研究能力,能够在国家政府部门、企事业单位、科研机构等组织从事信息系统建设与信息管理的复合型高级专门人才。

2. 培养要求

本专业学生主要学习经济与管理、计算机科学与技术和信息管理与信息系统三大方面基本理论和基本知识,接受科学思维、系统分析及技术工具的基本训练,掌握获取知识能力、应用知识能力及创新能力等基本训练。

毕业生应获得以下几方面的知识和力能:

(1) 具备良好的数理基础,掌握管理学和经济学理论知识,具有扎实的信息技术理论和专业知识;

(2) 掌握信息系统规划、分析、设计、实施和管理等方面的方法、技术与工具;

(3) 具有一定的信息系统和信息资源开发利用的实践能力和技术能力;

(4) 熟悉经济管理和信息技术等领域的相关政策、法律、法规和标准等方面的知识;

(5) 了解本专业的理论与应用前沿以及信息化发展的现状与趋势;

(6) 具有初步的学科研究和实际工作能力,具有一定的批判性思维能力。

3. 主干学科:管理科学与工程

核心课程:下列专业核心课程中,第1~5门为必修课程,6、7、8和9门课可以任选三门,课程名称和内容可根据各学校情况进行组合。

(1) 经济学

(2) 管理学

(3) 运筹学

(4) 管理信息系统

(5) 管理统计学

(6) 信息资源管理

(7) 信息系统分析与设计

（8）数据结构与数据库

（9）计算机网络基础

4. 主要实践性教学环节

课程实验与课程设计（程序设计、运筹学、管理统计学、数据结构与数据库、计算机网络、电子商务、系统分析与设计、管理应用系统等），社会实践与实习（社会认知实践、管理认识实习、专业实习等），综合论文训练（毕业设计（论文）及其他科研实践等）多种形式。

5. 修业年限：四年

6. 授予学位：管理学学士或工学学士

2.2.2　专业培养任务的具体内容

1. 培养方向

该培养目标分层次说明了对本科学生的共同要求、对管理科学与工程类本科生的要求、对本专业本科生的特殊要求以及本专业的职业特征。

（1）本科学生的共同要求：本专业培养适应国家经济建设、科技进步和社会发展的需要，德、智、体、美全面发展，具有高尚健全的人格、强烈的民族使命感和社会责任感、宽厚的专业基础和综合人文素养。

（2）对管理科学与工程类本科生的要求：具有一定的创新能力和领导潜质，具备良好的数理基础、管理学和经济学理论知识。

（3）本专业本科生的特殊要求：具备良好的信息技术知识及应用能力，掌握信息系统规划、分析、设计、实施和管理等方面的方法与技术，具有一定的信息系统和信息资源开发利用实践和研究能力。

（4）本专业工作领域：能够在国家政府部门、企事业单位、科研机构等组织从事信息系统建设与信息管理。

（5）本专业的职业特征：同时具备管理知识和能力以及信息技术的复合型高级专门人才。

本专业的设计在社会职场中主要针对的是一类职业，而不是某个行业。职业是对个人在社会中所从事工作的分类，例如会计职业、教师职业、信息管理职业、网络管理职业等。行业是对社会企事业组织机构所从事工作的分类，例如医疗行业、教育行业、汽车行业等。有些专业的设计是以针对行业为主，职业为辅，例如汽车设计专业，主要针对汽车行业，而职业可以是此行业的工程师、教师或销售顾问，再例如财务会计专业是典型的针对职业为主的传统专业,各行各业都需要财务会计人员。信息管理与信息系统专业主要针对的是一类职业,即各行各业中的信息管理人员,同时以针对计算机软件行业为辅,事实上也有许多同学毕业后在计算机软件行业从事编程工作。

之所以对本专业的职业特征作上述讨论,是因为笔者在多年的招生咨询和教学实践过程中,发现许多同学及家长急切关心就业问题,并且存在一定的模糊认识。希望同学结合此处的讨论和以下关于培养规格和专业特色的讨论,思考一下自己的发展方向、职业目标和努力的重点。

2. 培养要求

国家对大学生的共同要求和对各专业的特殊要求,包括素质要求、能力要求和知识要求三大方面。根据"专业规范"要求,并参照一般的教学计划,将各项要求归纳整理以框图形势表达。

(1) 素质要求

本专业对于本科学生的素质要求具有四大方面,每个方面又具有若干具体内容,如图2-2至图2-6所示。

图 2-2　素质要求的四大方面

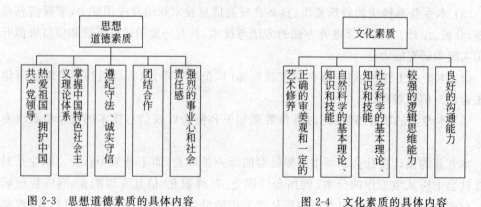

图 2-3　思想道德素质的具体内容　　　　　图 2-4　文化素质的具体内容

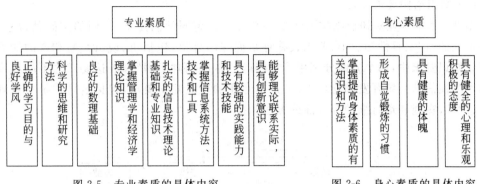

图 2-5　专业素质的具体内容　　　　　图 2-6　身心素质的具体内容

（2）能力要求

专业能力要求的三个方面及其具体内容如图 2-7 所示。

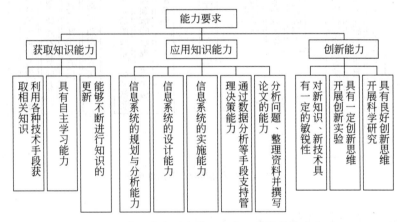

图 2-7　专业能力要求的三个方面及其具体内容

　　根据我们以往的教学经验,近年从对用人单位和毕业生的调查以及相关教学研究项目来看,上述能力要求实际是相当高的要求。有些能力要求学生在不同的方面花费大量时间,这些要求不但体现了层次的不同,还体现了学习深造领域的不同,例如:"信息系统设计和实施能力"要求学生在计算机技术方面具有较好的知识和技能,"通过数据分析等手段支持管理决策能力"要求学生具备较深厚的数理基础和对管理业务的较深刻理解。如果要在四年内同时做到这些要求,对于多数学生是有困难的,所以就出现了不同类型的大学在本科教育阶段的侧重点也有不同,本专业基本定位于"应用研究型"和"技术型"这两种类型,对于"应用研究型"培养规格,侧重于数理基础、专业理论和专业方法的训练以及研究潜力的培养;对于"技术型"(或称应用型)培养规格,侧重于信息技术与工具的训练以及信息系统应用实践能力的培养。不同学校的本专业具有不同特色,下面详细论述。

（3）知识结构要求

图 2-8 为本专业对知识结构要求的各个方面。请同学们注意,不同的方面其要求程度是不同的,在工具性知识中,要求较熟练掌握一门外语,包括听、说、读、写和译的能力。在专业知识要求中,四个方面分别用了"具备"、"掌握"和"了解"来表达要求的不同程度。显然,"掌握信息系统开发和管理方法"是本专业的重点知识要求,包括信息系统的规划、分析、设计、实施和运行维护等方面的方法和技术。

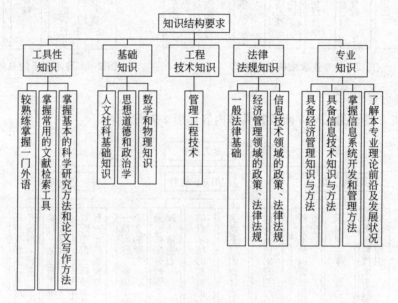

图 2-8   本专业的知识结构要求

2.2.3   关于专业特色的讨论

1. 专业特色产生的背景与社会需要

同一个专业在不同的学校具有不同的特色,主要从三个维度体现出不同:一是专业设置;二是专业定位("专业规范"中称为规格),即研究型、应用研究型或应用型(技术型);三是课程体系。

目前全国开设信息管理与信息系统专业的各类高等学校大约 500 所,由于学校的类型不同,既有综合类大学,又有地方高等院校;既有理工科院校,又有财经类院校;既有研究型大学,又有应用型大学。同时又由于本专业是原五个信息管理类专业整合而成,必然受到各院校原来类似专业的影响。

同时信息管理与信息系统专业涉及的领域越来越广泛,不同类型、不同规模的组织机构以及同类型组织机构中不同种类的岗位,对于人才的需求也不一样。

不论是从专业产生的渊源还是社会需要的角度来看,各个院校的信息管理与信息系统专业必然表现出不同特色,在基于共性的基础上突出各学校的办学特色,也是提高教育质量的重要方面之一。

2. 专业特色的体现

前已述及,专业特色可以从三个维度体现: 专业设置、专业定位(规格)和课程体系。

（1）专业设置

专业设置要从专业方向与核心能力两方面来考虑。

专业方向的确定实际是约束了专业口径的宽窄,一个专业的口径要合适,如果口径过宽,即开设的课程种类太多,中心不明显,学生什么都懂,但就是什么都不会、什么都不精,难以在职场上找到位置,就不具备核心能力。反之,如果口径过窄,适应面就会太小。信息管理与信息系统专业的方向可以是: 信息资源管理方向(侧重图书情报管理)、管理信息系统方向(侧重 IT 技术)和经济信息管理方向等。当然也可以不设定专业方向,宽泛本身也是一种特色。

这里指的核心能力是专业核心能力,核心能力要在专业方向指导下确定,同时核心能力又是专业方向的具体体现。

一个组织要有它的核心能力,一个人也要有其核心能力。对于一个人来说,核心能力是其有效地从事某类工作的知识、技能和态度的综合,是其他专业的人才难以代替的。通俗地说,一个人的核心能力就是其独特的吃饭本事,别人难以轻易抢走。依靠核心能力可以做许多具体的事情,例如,一个人具有编程的能力,就可以开发出许多具有不同功能的计算机软件。

（2）专业定位

专业定位(也叫规格定位),包括研究型、应用研究型和应用型(技术型),本专业的性质决定了在本科阶段只有后两种。对于"应用研究型"培养规格,侧重于数理基础、专业理论和专业方法的训练以及研究潜力的培养;对于"应用型"(技术型)培养规格,侧重于信息技术与工具的训练以及信息系统应用实践能力的培养。

（3）课程体系

课程体系包括课程内容、课程类型和教学方法三大方面。就课程内容来说,"专业规范"所确定的专业主干课程(9～10 门)和必修的实践课程是必须开设的课程,这些课程体现了本专业的共性要求。课程类型包括理论课、课内实验、集中实训、课程设计、证书培训、认识实习和毕业设计(论文)等类型,可以根据不同的专业方向和定位进行调整。教学方法包括讲授法、案例教学法、任务驱动法、模拟训练法、角色扮演法和专业竞赛等方法,配合不同的课程内容和类型采用不同方法。

2.2.4　应用型大学本专业教学思想案例

以北京联合大学管理学院信息管理与信息系统专业为例,说明应用型大学的本专业办学思想。

1. 本专业两种类型教育的能力差别

大学教育分为研究型、应用研究型和应用型三种类型,信息管理与信息系统专业本身具有很强的应用型特点,所以在本科阶段只有应用研究型和应用型这两种类型。本专业两种类型人才具有共同的基本素质、基本知识和基本能力,区别在于人才的核心能力不同。前者的核心能力主要体现在人才的继续学习能力、科学研究能力和创新能力、利用数据分析支持决策的能力,后者的核心能力主要体现在人才的信息化技术应用能力,如信息资源规划能力、信息系统开发能力、信息系统的运行与维护,以及信息化管理能力等。

2. 以应用能力为核心的专业建设思想

在专业建设方面,确定了以"面向应用、依托学科、以应用能力培养为核心、以职业需求为导向"的教育思想,通过社会需求调查,确定了能力要求,依托学科知识体系构建课程体系,在课程类型中强调实践环节,实践教学课时比例占总课时的 41%。

专业建设要依托学科建设,学科建设取得的成果更好地服务于专业建设。应用型的学科建设在科研层次上强调知识的应用而非知识的发现和创造,在范围上强调为地方经济建设服务。该校本专业主任于丽娟博士提出的应用型信管专业学科建设和专业建设之间的关系,如图 2-9 所示。

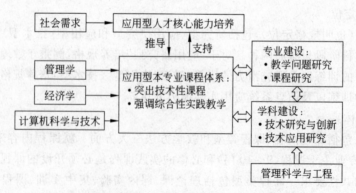

图 2-9　应用型信管专业的学科建设与专业建设关系

3. 专业方向与专业能力

将专业方向确定为"管理信息系统",专业能力包括专业基本技能与专业核心能力两部分,每部分又有具体能力要求,如图 2-10 所示。

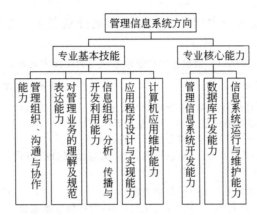

图 2-10　以北京联合大学为例的应用型信管专业能力体系

4. 主要教学改革措施

（1）基于专业基本技能,调整了部分专业限选、任选课程的理论与实践教学环节学时,例如针对信息系统运行与维护能力,增加了"企业资源计划（ERP）"课时,并开设"职业技能强化"课程。

（2）开设培养综合应用能力的实践课程"管理信息系统开发实务",要求学生在 8 周时间里,综合运用所学知识和技能开发一个真实的管理信息系统。

（3）所有核心课程和主要必修课程都明确支持某项或几项专业能力,并且通过课内实验、实训或课程设计等形式进行能力培养。例如,即使"信息管理学"这类按照传统教学方法以理论讲授为主的课程,也增加了课程设计内容,要求学生以信息资源规划理论和方法为指导,可以使用信息资源规划软件工具,进行信息资源规划内容的课程设计。

（4）引入行业典型证书培训内容。将国家职业资格证书"助理企业信息管理师",以及典型企业级证书,例如微软的"SQL Server 2005"等培训内容纳入教学计划,并鼓励学生考取证书。

（5）举办行业竞赛,例如金碟或用友的"ERP 大赛"等,鼓励学生积极参加,并请企业工程师进行授课培训。

2.3 信息管理与信息系统专业的课程体系

2.3.1 教育部和专业协会确定的主要课程

教育部和信息系统协会中国分会在不同时间分别制定了本专业的课程方案。如表 2-1 所示。

表 2-1 信息管理与信息系统专业课程方案表

时间	方 案 名 称	课 程 设 置
2004 年	教育部高等学校管理科学与工程类学科教学指导委员会《全国普通高等学校管理科学与工程类学科核心课程及专业主干课程教学基本要求》	管理科学与工程类学科核心课程(5 门):管理学、经济学、运筹学、管理信息系统、管理统计学 专业主干课程(4 门): 信息资源管理、信息系统分析与设计、数据结构与数据库、计算机网络基础
2005 年	"中国高等院校信息系统学科课程体系 2005"课题组	公共基础课(2 门): 计算机文化基础、管理信息系统概论 专业必修课(6 门): 信息系统项目管理与实践、系统分析设计与开发方法、数据库设计与管理、程序设计基础与数据结构、计算机硬件与系统软件、网络技术及应用 专业选修课(3 门): 企业资源计划初步、电子商务战略结构与设计、信息资源管理
2011 年	"中国高等院校信息系统学科课程体系 2011"课题组	核心课程(6 门): 管理信息系统、信息资源管理、计算机网络及应用、数据结构、数据库系统原理、信息系统分析与设计 推荐课程(6 门): 信息组织、商务智能方法及应用、信息系统项目管理、信息检索、电子商务概论、企业信息系统及应用

从表中看出,教育部与专业协会课题组共同要求的核心课程就是 10 门课,即:

(1) 管理学

(2) 经济学

(3) 运筹学

(4) 管理信息系统

(5) 管理统计学

(6) 信息资源管理

(7) 信息系统分析与设计

(8) 数据结构

(9) 数据库原理与应用

（10）计算机网络基础

这 10 门课程就是本专业必修的核心课程，其中多数课程具有很强的实践操作性，必须配有相应的实践课程，包括：上机课程、实训课程、综合实践课程、调查实践课程等。在强调实践培养能力的现代社会，有些学校对上述所有课程，包括经济学和管理学都开设有实践课程。

当然还有其他一些必修课或选修课，一般来说，至少要学习一门计算机编程语言。

2.3.2 课程体系与培养要求的关系

培养要求要通过课程体系来实现和支持，课程体系的设计要在培养要求的指导下进行，课程体系包括课程内容体系、课程类型体系和课程学时学分等内容。本专业的专业课程内容体系分为三大课程模块，即：经济与管理模块、计算机科学与技术模块和信息管理与信息系统模块。每一个课程模块包含一系列专业课程，其中 10 门为专业核心课程。

课程模块形成了对素质要求、能力要求和知识结构要求的支持关系，三个专业课程模块主要支持专业素质、应用知识能力和专业知识要求。课程类型体系包括：理论课、课内实验、课程设计、综合性专业设计、证书培训、企业实习和毕业设计（论文）等。

2.3.3 课程模块对培养要求的支持

1. 经济管理模块主要课程

表 2-2 表达了信息管理模块主要课程对于教学要求的主要支持，其中加黑字体为专业核心课程。

表 2-2 课程模块对培养要求的支持关系

课程内容	专业素质	应用知识能力	专业知识	工程技术知识
管理学	掌握管理学和经济学理论知识			
经济学				
运筹学	良好的数理基础	通过数学建模和数据分析手段支持管理决策能力，信息系统的规划与分析能力	具备经济管理知识与方法	
管理统计学				
数据仓库与数据挖掘				
商务智能方法及应用				
财务和会计	掌握管理学和经济学理论知识	信息系统的规划与分析能力		
生产运作管理				管理工程技术
市场营销管理				
信息系统项目管理				管理工程技术

2. 计算机科学与技术模块

表 2-3 表达了计算机科学与技术模块主要课程对于教学要求的支持关系。

表 2-3　计算机科学与技术模块主要课程对于教学要求的支持

课 程 内 容	专 业 素 质	应用知识能力	专 业 知 识
C 语言程序设计	· 扎实的信息技术理论基础和专业知识 · 掌握信息系统方法、技术和工具 · 具有较强的实践能力和技术技能	· 信息系统的设计能力 · 信息系统的实施能力	· 具备信息技术知识与方法 · 掌握信息系统开发和管理方法
VB 程序设计			
数据库原理与应用			
计算机网络基础			
数据结构			
JAVA 程序设计			
C++程序设计			
Web 程序设计			
操作系统			
信息系统安全			

3. 信息管理与信息系统模块

表 2-4 表达了信息管理与信息系统模块主要课程对于教学要求的支持关系。

表 2-4　信息管理与信息系统模块主要课程对于教学要求的支持关系

课 程 内 容	专 业 素 质	应用知识能力	专 业 知 识
管理信息系统	· 扎实的信息技术理论基础和专业知识 · 掌握信息系统方法、技术和工具 · 具有较强的实践能力和技术技能	· 信息系统的规划与分析能力 · 信息系统的设计能力	· 具备信息技术知识与方法 · 掌握信息系统开发和管理方法
信息资源管理			
信息系统分析与设计			
数据仓库与数据挖掘			
商务智能方法及应用			
管理应用系统			
信息组织与检索			
企业资源计划（ERP）			
电子商务			

围绕上述课程内容,许多课程都安排有相应的实践教学环节,例如课内实验、集中实训、课程设计等。最后一个教学环节是毕业设计(论文),综合支持各种素质、能力和知识要求。

2.4　涉及本专业的主要期刊和网站

2.4.1　主要期刊

1. 主要国内期刊

目前国内登载信息化方面文章的期刊主要是信息科学、经济管理和计算机方面的期刊,如表 2-5 所示。

表 2-5　国内登载信息系统领域的主要期刊举例

类　　别	信息系统领域	经济管理类	计 算 机 类
学术层面	信息系统学报 情报学报 情报杂志 情报理论与实践	管理科学学报 中国软科学 生产力研究 中国管理科学 管理工程学报 系统工程理论与实践	软件学报 计算机工程与应用 计算机应用与软件 计算机集成制造系统 计算机应用
应用层面	中国管理信息化 中国信息界 信息系统工程	企业管理 企业研究	软件世界 IT 经理世界 程序员

2. 主要国外期刊

在主要权威的英文期刊中,信息系统的文章同样可以登载在管理类期刊或者信息系统领域的专门期刊,如表 2-6 所示。

表 2-6　涉及本专业的主要国外期刊

信息系统领域	管理学领域
MIS Quarterly Information Systems Research Information & Organization The European Journal of Information Systems Information Systems Journal The Journal of Strategic Information System	Academy of Management Review Administrative Science Quarterly Management Science Sloan Management Review Harvard Business Review

2.4.2　主要行业网站

(1) 信息系统协会(AIS)网站,http://home.aisnet.org/

是信息系统学科的国际网站,进行本学科学术交流的平台。

(2) 信息系统协会中国分会(CNAIS)网站,http://cnais.sem.tsinghua.edu.cn/

国内学者进行信息系统学科的学术交流网站。

(3) 中国信息化网,http://www.ciia.org.cn/

中国信息协会主办,主要面向信息行业,提供比较宏观方面的信息化信息。

(4) 中国制造业信息化网,http://www.e-works.net.cn/

主要是面对制造业信息化建设的网站。

(5) 赛迪网,http://www.ccidnet.com/

以报道 IT 资讯、IT 产品、IT 技术、IT 方案、IT 情报为先导,以新闻视角揭示 IT 商机;以 IT 技术、IT 产品内容报道技术优势与实用性;最终以 IT 方案、IT 情报的销售形式呈现。

(6) 比特网,http://www.chinabyte.com/

属于信息化和 IT 的大型综合网站,提供大量企业信息化和 IT 行业信息。

(7) 中国信息主管网,http://www.cio360.net/

属于赛迪传媒建立的主要针对 CIO 的网站,致力于为 CIO 打造一个中国行业信息化"解决方案"资讯网站。

(8) 中国企业信息管理师网,http://www.cio.cn/

进行企业信息管理师国家职业资格认证方面的报名、培训和讨论的专业网站。

(9) 圣达 IT 咨询,http://www.sound-net.com/

致力于信息资源规划理论、方法和解决方案的国内权威网站。

(10) 计世咨询网,http://www.ccwresearch.com.cn/

以研究信息化趋势著名,每年销售信息化和 IT 趋势的研究报告。

本章小结

首先通过场景指出了管理信息系统在应用中所遇到的问题,进而通过 Gordon 教授的话讲述了信息系统学科创立的背景,接着回顾了我国信息管理与信息系统专业建立的经过。本章重点介绍的是信息管理与信息系统专业的培养目标、培养要求和课程体系,以及课程体系对培养目标的支持。通过对本章的学习,学生应该在明确培养要求的基础上,自觉地在素质、能力和知识上努力提高。本章讨论了应用研究型和应用型的信管专业其侧重点不同,对于学生根据自身条件选择发展方向具有参考意义。在新的形势下,本学科专业面临着新的挑战和新的发展机遇,本章提出这一问题,希望学生在面临信息变革的形势下做好准备。

 **课后阅读资料**

Data, Information, and Knowledge

Information systems provide capture, repositories, processing, and communication of data, information, and knowledge. The definitions of these three terms are made difficultly because of the lack of precision in everyday conversation and because one person's data may be another person's information (Buckland 1991). However, there is a convergence relative to the meaning of the terms:

Data consists of representations of events, people, resources, or conditions. The representations can be in a variety of forms, such as numbers, codes, text, graphs, or pictures.

Information is a result of processing data. It provides the recipient with some understanding, insight, conclusion, decision, confirmation, or recommendation. The information may be a report, an analysis, data organized in a meaningful output, a verbal response, a graph, picture, or video.

Knowledge is information organized and processed to convey understanding, experience, accumulated learning, and expertise. It provides the basis for action. Knowledge may be procedural (how to do something), formal (general principles, concepts, and procedures), tacit (expertise from experience that is somewhat hidden), and meta-knowledge (knowledge about where knowledge is to be found). An information system captures data based on information system design decisions.

Not everything can be captured, so someone makes a decision. If all needs for data and uses of information were known in advance, the decisions about the data to capture and store would be simple. However, we do not have foreknowledge. Also, there is a cost of capture and storage, so decisions must be made. The tendency is to capture easily measured characteristics of events. For example, in a retail purchase transaction, item number, price, date, etc. are captured, but potentially vital data items are not captured, for example, the mood of the customer, whether the item was the one wanted or purchased as a second choice, whether for own use or a gift, and so forth. Capturing knowledge has both conceptual and practical problems. The employees of an organization may develop habits and informal procedures that provide high levels of service and performance. The procedural knowledge is not codified and，therefore，not stored by the organization. Tacit knowledge of how to do things is stored in the minds of workers but not in the manuals or training courses of the organization. There is typically no organizational memory for tacit knowledge. Capturing and codifying procedural knowledge and the tacit knowledge of valuable long-term employees is now a major information systems issue.(摘自文献[16])

思考和练习题

1. Gordon 教授和迈克尔教授在治学的哪些方面值得我们学习？

2. 在大学的四年时间里，如何达到本专业的素质、能力和知识要求？

3. 根据本专业的就业方向、培养要求、你所处的环境、自身条件以及本人志向，你希望在哪些方面加强努力？

4. 请在学校机房上网，浏览一下本章介绍的网站。

5. 请在学校图书馆阅读几篇《中国管理信息化》、《企业管理》和《IT 经理世界》等期刊中有关信息化和电子商务方面的文章。

本章参考文献

[1]   W. Huang, K. K. Wei , R. Watson. 管理信息系统(MIS)：背景、核心课程、学术流派及主要国际学术会议与刊物评介[J]. 管理科学学报,2003,6(6)：85-91.

[2]   康仲远总负责,北京师范大学主持. 信息管理类专业人才培养模式改革研究报告(R). 北京：高等教育出版社,2005.

[3]   于丽娟. 北京联合大学信息管理与信息系统专业培养计划(2007 版). 内部资料,2007.

[4]   教育部. 普通高等学校本科专业目录(1998).

[5]   教育部. 普通高等学校本科专业目录(2004).

[6]   教育部. 普通高等学校本科专业目录(2012).

[7]   教育部高等教育司. 全国普通高等学校管理科学与工程类学科核心课程及专业主干课程教学基本要求[M]. 北京：高等教育出版社,2004.

[8]   Gordon B. Davis. 序——贺《信息系统学报》创办. 信息系统学报,2007,1(1).

[9]   侯炳辉. MIS 三十年回眸及其新认识[J]. 信息系统学报,2011,8(01).

[10]   冯芷艳. 大数据背景下商务管理研究若干前沿课题[J]. 管理科学学报,2013,16(01).

[11]   明小波,等. 大数据时代信息类学科专业建设的思考[J]. 信息系统学报,2011,8(01).

[12]   Michael D. Myers. 走向成熟:信息系统学科的演变[J]. 信息系统学报,2008,2(2).

[13]   于丽娟,董焱,张士玉. 应用性大学信息管理专业学科建设思路[J]. 顾志良主编,知识经济时代教

育创新与探索(论文集).北京:知识产权出版社,2008.

[14] 教育部高等学校管理科学与工程类学科教学指导委员会.全国普通高等学校管理科学与工程类学科核心课程及专业主干课程教学基本要求.

[15] 马费成,宋恩梅.信息管理"专业课程链"的建设与实践[J].图书情报知识,2014(02).

[16] Gordon B. Davis. Information Systems Conceptual Foundations: Looking Backward and Forward. Organizational and Social Perspectives on Information Technology. Edited by R. Baskerville, J. Stage, J. DeGross. Dordrecht, Netherlands: Kluwer Academic Publishers, 2000.

第3章

学科领域和专业基础

信息系统很深奥吗

大东海电器公司和宏伟家电公司都是生产电视接收机的著名企业，有较高的市场占有率，连同其他几家生产同类产品的企业，竞争十分激烈。但是各家企业的战略方向有所不同，例如：东海公司偏重产品的性能和品种，而宏伟公司则以价格低廉著称。

某日，在东海公司总经理办公室，助理小王急急忙忙跑来，"报告总经理，宏伟公司又宣布降价20%……"话刚说一半，就看见总经理办公室满屋子人，各位副总都在。总经理说："小王你来得正好，我们正在讨论这件事，如果我们不跟进降价，必然损失市场占有率；如果跟进降价，必然损失很大的利润，甚至亏损，因为人家是有备而来，而我们没有这方面的准备，你有什么高见？"小王是某重点大学毕业的工商管理硕士，一位漂亮干练的姑娘，事业心强，毕业后先在市场部工作，工作成绩显著，很快就升为了总经理助理。

此时小王尽管有点紧张，但是一想到要在这么多领导面前发表个人见解是一个难得的机会，就算说错了或出了笑话也没什么了不起，大家不会怪罪年轻人的。想到这里，小王鼓足了勇气说道："企业之间的竞争最好实行差异化战略。我们与宏伟公司的产品本来就存在差异，在高端产品上，客户对我们的满意度很高，随着社会发展和人们收入的提高，客户必然会加剧分化，会有更多的人选择高端产品，宏伟公司此次降价，也正好给了我们一个凸显高端特色的机会。我们加强产品质量、性能和服务，及时进行产品升级，推出多种个性化产品，即使不降价，也可以不丢失甚至提高市场占有率。至于低端产品，我们可以逐步放弃，退出这场价格战。"小王的话刚说完，李副总就反驳道："你说的这些大道理谁都懂，问题是如何量化？上百种型号的产品，以什么标准划分高端与低端？你能估计出未来一个月宏伟公司的销售额和市场占有率是多少？你能说出具体什么型号的产品,如果我们不降价,销售额和市场占有率会变为多少? 你说随着社会发展客户群会加剧分化,但是目前和未来一年,不同客户群的绝对数量和百分比是多少? 分别能接受什么价位的产品? 再有,如果低端产品降价后,我们的利润预计会是多少?"小王听到这些,顿时陷入尴尬境地,因为她拿不出这些定量数据。

这时总经理说话了:"小王的思路是正确的,我们很多人都持这样的观点,老李的问题很好,指出了关键所在,现在就看信息部能不能解决这个关键问题了,给我找信息部的张博士来。"张博士是一位信息管理学博士,一位高个子略显清瘦的小伙子,戴一副钛合金框架的眼镜,文质彬彬。张博士来到总经理办公室,早就知道总经理意图的他将投影仪接到总经理的电脑上,在一面白墙上打出投影。然后对总经理说:"请进入决策支持系统,用我前几天给你的账户名和密码。"总经理进入系统后,见到了系统界面,博士说:"大家如果有什么问题,就问这个系统吧。"这时总经理试着操作了一遍,在界面中选择了"北京地区"、"KZ001"型号,选择竞争对手的产品"ZK002"和价格,当设置完这些条件后,用鼠标点击系统界面的"开始计算"按钮,系统下方原先的几处空白框即刻出现了数据,这就是本系统预测的答案,预计销售额为 7 亿元,市场占有率为 20%,比原来增长 5%。如图 3-1 所示。

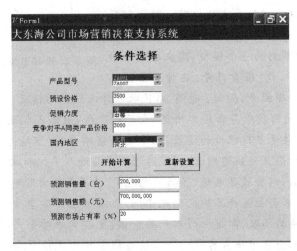

图 3-1　营销决策支持系统示意

这时整个会场的气氛一下子热烈了起来,总经理和各位副总经理以及小王共同拟定了一系列问题,对信息系统来说就是确定一系列条件选择项目,然后让系统做出答案。看到大家激动的情绪,张博士说:"计算机之所以能做出答案,是通过各种模型来分析大量的数据,但是任何模型都是有局限的,所有数据都是过去的,对未来的预测仅供参考,最终决策还要靠人来完成,要依靠人的经验和判断。"总经理很高兴,说道:"信息系统给了我们很大帮助,完成了我们想做而做不了的事情,但是最终决策还要靠大家继续研究,因为我们面对的是未来,计算机在综合思维和判断上代替不了人。"

　　热爱学习的小王一下子被信息系统的魅力吸引了,尽管"管理信息系统"是工商管理专业的一门必修课,但是看来这点知识满足不了工作需要,所以想要向张博士继续学习,但是又怕太难不好学,所以问了一句:"信息系统很深奥吗?"博士看出了小王的意思,说道:"信息系统当然博大精深,但是入门并不难,如果你愿意,我可以给你讲一讲。"小王很高兴,说道:"那就下班后到你的办公室去吧。"

　　公司早已下班,办公楼内逐渐安静了下来,张博士坐在办公室内,突然听见"嘭嘭嘭"的敲门声,知道是小王来了,说了声:"请进!"小王进来后问道:"请教博士,你今天说过,信息系统在回答问题时需要大量的数学模型,能举个例子吗?"博士拿了一张纸,在纸上画了一张图,如图 3-2 所示。

　　小王看着这张图似乎有所迷茫。博士解释道:"这条曲线叫做'Logistic 曲线',也叫逻辑函数,是经济学所用的一个模型,用来描述某种经济指标,例如:人口、粮食产量、某种工业产品

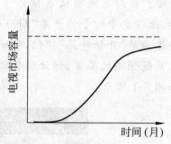

图 3-2　电视市场容量变化示意图

销售量随着另一项因素,例如:时间、居民收入等而变化的情况。"小王立即接着说:"这条曲线的形状很符合现实情况,在开始阶段,随着人们由不了解到逐渐了解,电视的销售量呈现很慢的增长,在市场营销学中叫'市场导入期',然后随着认识逐渐增加而呈现快速增长,到了后期该产品进入了饱和状态,此时人们需要更高级的产品,例如液晶电视、等离子电视。""你真是冰雪聪明。"博士接着说:"我们关心的是本企业某产品的变化规律,如果以 Y 表示某型号产品的销售额,它是一个很复杂的函数,即 $Y=f$(本产品价格,主要竞争对手产品价格,广告投入,市场容量,本企业市场占有率……),这些模型的形式很复杂,至于其具体形式和其参数,则是公司的核心机密。"小王继续问道:"模型的取得是不是需要大量数据?"博士:"那当然,我们需要随时收集各种经济、市场、客户和企业经营的各方面数据,然后存在数据库中,以供各种需要。"小王:"我明白了,原来我们每月打印出的各种报表,都是你们数据库中的表。"博士:"我看你把'管理信息系统'课程忘了一半,业务报表中的数据是来源于数据库,是应用程序调用数据库中的数据经过处理形成的,组成数据库的表叫'基本表',与你们日常打印出的业

务报表是不一样的。"小王这时似乎有所悟:"有点印象,数据库这门课我们也学了。"

小王此时十分佩服博士,说道:"你真了不起,建立了这么庞大的系统。"博士立即说:"我可没这么大的本事,这个系统的建立汇集了经济学家、管理专家、资深业务人员、信息系统分析和设计专家、计算机网络专家、数据库专家和大量程序员,是集体努力的结果。"

(注:本文故事情节、企业和人物为虚构,如有相同则为巧合。)

请同学们思考或讨论如下问题:

(1) 信息系统都涉及了哪些知识领域?

(2) 如何理解信息系统既是一门博大精深的学问,又是一项实用技术?

3.1 学科领域和基础

3.1.1 信息管理与信息系统学科

我国学者(黄伟,汪应洛,杨善林,2011)对管理信息系统学科的性质做了简单总结,指出:管理信息系统(Management Information Systems,MIS)是一门自然科学(如电脑科学)与社会科学(如社会学、行为科学等)融合产生的新兴学科,已逐渐被应用于研究许多重要的社会现象与问题,比如电子政务、数字化政府、社交网络、信息化与现代社会发展(包括社会、文化、社交模式等方面的发展),等等。其研究的一些主要方法也从社会科学中借鉴与发展而来,如重视实证方法(实验方法,调研方法,以及案例分析方法),运用数理统计方法分析复杂的涉及面广的社会与企业方面的问题。管理信息系统(MIS)是研究信息化及其在社会各方面应用(如在政府与企业中的应用)之学科,是由美国明尼苏达大学Gordon 教授于 1967 年创立,故其被称为管理信息系统之父。

正如前述"场景"所描述的那样,信息管理与信息系统学科是由于计算机技术发展后对管理提出了新的问题,从而产生了新学科诞生的条件。Gordon 教授对此进行了总结。"就发展历程而言,信息系统/管理信息系统学科的兴起是因为新的计算机和通信技术为组织提供了 4 个方面的改进能力:

(1) 内部与外部通信沟通能力。

(2) 数据收集、储存与使用能力。

(3) 改善决策能力。

(4) 生产新的与改进旧的产品与服务的能力。

这些发展要求有一种新的组织功能来开发和管理计算机与通信技术和系统,采用新的计算机与通信技术支持内部处理,并以计算机与通信技术为基础来支持处理和产品创新。这些发展之结果便产生了一整套对组织极为重要的知识。这种知识必须形成和表现为教育课程,并作为一个研究领域来进行发展。结果就形成了信息系统/管理信息系统学科。"

作为学科来说,信息管理学科和信息系统学科是有一定区别的。这些区别表现在产生的渊源、研究对象、研究范围和现实应用四个方面。

从产生的渊源来看,信息系统学科的建立是以 Gordon 教授及其同事于 1967 年在美国明尼苏达大学创立管理信息系统(MIS)学科为标志的,所以信息系统学科必然建立在计算机技术基础之上。而信息管理学科的渊源来源于图书情报学,在没有计算机时代就已经具有了一套完整的关于图书情报管理的理论和方法。

从研究对象上看,信息管理学科主要以信息活动和信息资源为研究对象,研究通过对信息活动和信息资源的计划、组织、领导和控制,以达到充分开发利用信息资源的目的。信息系统学科重点以服务于管理功能的信息系统为研究对象,研究管理信息系统的结构与模型、信息系统的建设理论和方法,以及信息系统与管理活动、信息系统与组织结构、信息系统与人的关系等问题。

从研究范围来看,有一种观点认为现代信息管理学科的范围要比信息系统学科广泛,杜栋教授提出了信息管理学实用体系包含四个方面,分别处在微观、中观和宏观层次上,如图 3-3 所示。

从现实应用方面看,信息系统强调的是在组织机构中的一套基于信息技术的,能够进行信息收集、存储、传递、加工和使用的信息服务平台。信息管理强调的是在组织机构中进行信息系统管理、信息活动管理和信息资源管理的组织管理功能。

宏观层次	信息经济管理
中观层次	信息系统建设
	信息技术应用
微观层次	信息资源管理

图 3-3　信息管理学实用体系框架

毫无疑问,信息管理与信息系统具有紧密的联系,从学科的角度来看,二者具有共同的知识领域、共同的研究对象,其目的都是为了充分开发利用信息资源;从应用的角度看,信息系统既是实现信息管理的工具,也是信息管理的成果。

Gordon 教授认为,从 20 世纪八九十年代以后,信息系统(information systems,IS)和信息管理(information management,IM)具有趋向融合的趋势(见本章课后阅读资料)。我国对于信息系统学科的权威定义和对其内容的论述,明显具有这种特征。在"中国高等院校信息系统学科课程体系"(征求意见版)中对信息系统的定义为:"信息系统学科是关于信息系统建设、管理、信息资源开发利用的管理理论与方法。它是一门综合性的应用学科,是管理理论、系统科学方法与信息技术相交叉而形成,是现代管理理论与方法的重要支柱之一。"

本文认为,既不能将信息管理和信息系统视为等同的概念,也不能进行过分精细的分辨与烦琐考证。在大致的范围框架下,将精力用于对实际内容知识的学习、基本技能的掌握和具体问题的研究,才更有意义。本教材以后所称的信息系统学科即为宽泛的信息系统类学科。

3.1.2　信息系统学科领域和边界

1. 学科领域

在"中国高等院校信息系统学科课程体系"(征求意见版)中论述了信息系统学科的领域。信息系统学科以服务于管理功能的信息系统为中心,涵盖了多层次、多方面的内容,下面从信息资源管理、信息系统理论和方法、信息系统应用、信息系统建设和信息系统运行管理五个方面阐述。

（1）信息资源管理

从对信息资源管理的角度来看,包括信息资源的内容、信息资源的度量、信息资源的标准与规范管理、信息资源的质量管理和信息资源的安全管理等。

（2）信息系统理论和方法

信息系统理论和方法包括信息系统结构与行为理论、信息系统建模、优化与仿真、信息系统建设的理论与方法等。

（3）信息系统应用

从信息系统应用的层面来看,包括电子数据处理系统(EDP)、事物处理系统(TPS)、管理信息系统(MIS)、决策支持系统(DSS)、办公自动化(OA)、电子商务(EC)和电子政务等。

（4）信息系统建设

从信息系统建设的角度来看,信息系统学科的研究在规划、建模、分析、设计等多个环节上展开,每个环节中都有着丰富的研究内涵。

（5）信息系统运行管理

在信息系统运行管理方面,包括信息系统的运行管理、维护管理,信息系统与组织的关系,信息系统的评价体系等,还有与其相关的信息技术经济学、信息技术发展趋势研究等内容。

2. 学科边界

信息系统学科是管理科学和现代信息技术融合的一门学科,致力于研究管理与信息技术相结合的领域,解决管理与信息技术互相纠缠而形成的问题。作为理论基础,管理科学提供了研究的理论依据、研究方法和分析手段,同时管理中的问题又是信息系统服务的目标。作为技术基础,信息技术提供了解决问题的方法、手段和工具,同时信息技术本身的飞速发展,不断为信息系统提供新的研究课题。

信息系统学科与管理学科的分界在于信息系统研究的是需要依靠信息技术所解决的问题,在应用信息技术过程中所产生的一系列与组织管理有关的问题,以及将信息作为资源来进行管理的问题,而不深入探讨一般性的管理问题。信息系统学科与信息技术的分界在于信息系统学科研究信息技术为解决管理问题提供了哪些新方法和新手段,研究信息技术在管理领域中的应用、控制和评价,而不研究计算机和通信技术本身的问题。

3.1.3　信息管理与信息系统专业方向

作为依托信息系统学科的信息管理和信息系统专业,从教育和人才培养的角度规定了培养方向、教学要求和课程体系,由于信息系统学科的博大精深,以及社会上不同单位和岗位对于人才需求的侧重点不同,所以本专业在培养方向上可以具有不同的侧重点,一般来说,具有如下三个方向。

l. 信息系统开发方向

本方向以培养信息系统的分析、设计和实施人才为主,要求学生具有较高的计算机知识和应用能力。

2. 信息化管理方向

本方向以培养在各类组织机构中从事信息化管理的人才为主,相对来说比较偏重管理方面和信息系统应用,当然基本的计算机知识和技能也是必备的,例如计算机网络知识和数据库知识,但相对信息系统开发方向,对于编程能力要求相对低一些。在学习中,一般都以企业信息化为背景,企业资源计划(ERP)是重点学习的专业内容之一。

3. 信息资源开发利用方向

本方向以培养从事信息资源的存储与检索、信息资源的加工与组织以及信息资源利用的人才为主,在学习方面侧重图书情报学有关内容,并要求具有较好的数理统计学基础。

3.1.4　本学科专业的基础

一个学科和专业只有具备了思想基础、理论基础和技术基础之后,才能形成比较完备的体系,具有认识客观世界、分析客观世界和改造客观世界的能力。

正确的思想是对客观事物本质的正确认识,没有正确的思想就是对客观事物没有正确的认识,因而在从事相应的事业过程中就没有基本思路;而错误的思想是对事物歪曲的认识,会导致全局的失败。

　　正确的理论反映了客观事物的一般规律,解决了在具体实践过程中的基本方向和具有一般规律的方法问题。没有正确理论的指导,则好比在黑暗中摸索前进,十分困难而成功的概率很低。

　　技术解决了实现方法问题,只有理论没有技术,再好的理论也难以落实,在现实工作中就形成"不会干活"或"干不了活"的局面。

　　信息管理与信息系统专业的三大基础是:

　　思想基础:系统科学和系统工程。

　　理论基础:管理科学。

　　技术基础:信息技术。

3.2　思想基础:系统科学和系统工程

3.2.1　系统科学

1. 对系统的理解

　　系统无处不在,系统科学是一门方法论科学,它研究看待事物的角度和做事的方法。人们要以系统的观点想问题、做事情,这是正确的思维方式和做事方式,符合自然规律和社会规律。

　　常有两个成语比喻不以系统的观点看问题和做事。"盲人摸象"的成语比喻不以系统的观点看问题,"头痛医头、脚痛医脚"比喻人们不以系统的观点做事情。这两个成语说的是自然系统。一辆汽车、一个组织机构是人工系统。汽车有轮子、齿轮、窗户、椅子、发动机、外壳等,如果不以系统的观点研究汽车,将一个齿轮研究的再透彻也不可能认识汽车。所以说,对于一个事物,把各个部分与整体分割开来,根本无法掌握客观事物的本质。要认识汽车,首先要从汽车的整体功能开始,它可以载人行使、可以改变速度、可以制动等,然后看组成它的各个子系统:发动机系统、变速系统、制动系统、油路系统、底盘系统等子系统,子系统又由下级系统或零件组成。

2. 事实基础

　　本专业的名字叫"信息管理与信息系统",现代系统科学是本专业的思想基础。基于两方面的事实:

　　(1) 信息作为一种资源,只有在特定的系统中才能发挥作用。同一个信息,在不同的系统中其价值不同。同一类数据,在不同的组织机构或针对不同的使用者,其加工成信息的方式不同。信息资源的开发利用,必须针对不同组织机构的业务特点、管理体制和控制方式。信息与系统天然地密不可分。

（2）信息系统本身又是一个集管理和技术为一体的复杂系统，涉及各方面的诸多因素，对于一个信息系统来说，往往牵一发而动全身。

所以，从事信息管理的人特别需要系统的思维方式和做事方法。

3. 系统的思维方式

系统的思维方式归纳起来有三个要点：整体观念、层次观念和动态观念。

（1）整体观念

前已述及，了解了齿轮、油箱和橡胶轮子并不能自然而然地了解汽车。

整体观念认为任何系统都是不可分割的整体，组成系统的各个部分具有内在联系，不可孤立地看待，一旦组成了系统，就具有了本质上不同于各个部分的新的功能，即"整体大于它的各部分之和"，如果整体不再能够大于它的各部分之和，则这个系统也就失去其存在意义，如同报废的汽车。

科学的整体观不但不排斥分解的观念，反而强调按照系统的层次分解系统，认识组成系统各部分的细节。

（2）层次观念

层次观念认为系统是分层次的，层次之间既有本质区别，又互相联系，构成了系统整体。信息系统开发过程中自上向下的功能分解和模块划分就是遵循了系统思维的整体观念和层次观念。横向分类、纵向分层是人类认识自然系统，并创立人工系统的重要思维方式之一，如图3-4所示。

图 3-4　横向分类、纵向分层示意

（3）动态观念

据载，美国一位程序员喜得贵子之后，将其儿子取名"2.0"，显然说明了两个含义，一是儿子是老子的发展；二是儿子以后还要继续繁衍下去。

动态观念认为运动、发展、变化是物质的本质属性，任何系统都是由低级到高级演化而来，同时又会随着环境的变化继续发展。

获得过诺贝尔经济学奖和美国计算机学会图灵奖的著名科学家 Simon 教授(Herbert A. Simon,1916—2001)提出了"人工科学"(the science of the artificial)这一新的科学研究领域。根据对其思想的理解，信息系统是一种由工程师构造的人工系统，同任何人工系统一样，具有"功能、目标和适应性三方面的特征"，相对复杂的信息系统由相互联系的若干部分组成，每个部分又可以继续分层，直到达到一个最基本的底层。由于对未来难以精确预测，人们总是随着环境的变化不断将信息系统升级。信息系统的进化是无止境的，也正因为如此，任何时代的设计者都可以有足够的创新空间。

3.2.2　系统工程

在理解系统工程之前,请先读一下这个场景,然后进行思考。

场景:老子与儿子谁更聪明

"现在把房梁举上去,铁蛋,你从这里托一下,嘎子,你在上面扶着,二子,你怎么这么笨,是这样,不是那样……"60多岁的张大爷正在指挥着一帮小伙子盖房子,是为了给在城里当建筑师的儿子回农村老家休假住的。张大爷为了不输给儿子,把房子盖得又坚固又漂亮。帮忙的小伙子们看后很是羡慕,说道:"张大爷,我家也要盖房,能不能去指导?"张大爷说:"没问题。"周末张大爷的儿子小张回家了,看到老爸给他盖的新房,很是高兴,但是等了很长时间后老爸才回来,知道他又是帮人家盖房去了。老爸回来后,小张心疼他爸,说道:"爸,您都这么大岁数了,别这么累了,把您的房子画成图纸,如何施工写成工艺文件,让他们自己干就行了。"张大爷说道:"你也知道我盖房从来不用图纸,也不懂工艺文件是啥玩意儿,反正我让他们怎么干他们就得怎么干,离开我不行。"然后又问道:"儿子,你现在忙吗? 打算在家住多久?"小张说:"我设计的那套18层公寓楼正在施工,进展顺利,我先在家住1~2周,好好休息一下。"张大爷说道:"你不在现场能行吗? 那可是18层大楼。"小张说:"没问题,项目经理按照图纸和工艺要求施工就可以了。"

你们说,张大爷和小张谁更聪明?

(注:本文故事情节和人物为虚构,如有相同则为巧合。)

张大爷与小张同样聪明,但是他们的思维方式和做事方法不同。主要有两点:第一,小张依据建筑理论和建筑工程的方法,按照规定的步骤进行,而张大爷根据经验;第二,小张使用图纸,即规范化的表达方式,而张大爷依靠口传身教,经常亲临现场大声嚷嚷。

前已述及的系统科学是一种思维方式,这种思维方式在实践中的应用,就形成了系统工程,工程的方法强调四点:

(1) 依据基础理论;

(2) 遵循规范化的工作流程;

(3) 使用统一的表达方式;

(4) 将成熟的方式方法固定下来,制定成标准。

关于系统工程的定义有多种表达方式,与本专业比较适用的定义是:"系统工程是一门研究复杂系统的设计、建立、试验和运行的科学技术。"

把工程的观念引入软件开发形成了软件工程,引入信息系统建设形成了信息系统分析与设计的全过程。需要说明的是,软件工程与信息系统分析与设计的思路与理念是基本一样的,内容也有许多一样,但是二者还是有很大区别。软件工程是计算机技术的一个分支,其目标是有效地开发一个具体的软件,而信息系统分析与设计是管理科学的一个分支,其目标是有效地建设社会经济组织中的信息系统。

3.3　理论基础：管理科学

3.3.1　管理与管理科学

只要人从事有目的的活动,又具备有限的资源,包括：时间、物质、资金、人力、信息和社会关系等,就必然存在一个如何有效配置资源以达到目标的问题,这就是管理问题。从这个意义上讲,管理无处不在,不过一般的管理多指组织管理。管理就是通过计划、组织、协调、领导和控制等过程,有效配置资源,来达到目标的一系列活动。管理既有科学性,又有艺术性,是科学性和艺术性的统一。艺术性要求在实践中总结经验,学校难以解决。学校可以传授、研究的是管理科学,作为本专业理论基础的也是管理科学。

管理科学是研究管理过程中带有普遍性客观规律的科学,例如严密的计划、定量计算、优化决策等。管理科学的内涵可以从三个层次加以理解：

(1) 狭义的理解。运用数学方法对管理活动进行定量分析、建立模型,找出变量之间的函数关系,通过求解数学模型、控制变量来解决管理问题。典型的专业或课程如：运筹学、生产管理、管理统计学等。

(2) 中等层次的理解。管理科学是在一般管理职能、过程和定性方法的基础上,加上数学方法、统计学方法和信息技术等现代科学方法。典型的专业或课程如：管理学原理、项目管理、财务管理、质量管理、管理信息系统、决策科学等。

(3) 广义的理解。管理科学是围绕管理的目的与特征,综合运用多种学科包括社会学、哲学、法学、心理学、历史学、经济学、数学、统计学、计算机科学等解决管理问题。典型的专业或课程如：市场营销管理、组织行为学、企业战略管理等。

3.3.2　管理科学是信息管理和信息系统的理论基础

如下三点决定了管理科学作为本专业的理论基础：

(1) 管理是本专业的服务对象,信息管理和信息系统的根本目的就是提高管理效率、达成管理目标,所以要以管理过程中带有普遍性客观规律的科学为理论基础。

(2) 信息管理和信息化建设本身就是一个管理过程,任何管理过程都有共同的一般规律。

(3) 管理科学的基本特征就是将管理问题建立模型,一方面,这些模型需要通过信息系统来实现；另一方面,信息系统又要以这些模型为基础。典型的如：MRP 系统以基于相关需求的生产计划和控制为理论基础,MRPⅡ系统在此基础上加入了经营计划和成本会计,ERP 系统则采用了更多的管理科学理论和模型。又如：会计电算化系统当然要以会计学为理论基础,人力资源管理系统当然要以人力资源管理为理论基础。

3.4　技术基础：信息技术

信息管理与信息系统的技术基础当然就是信息技术（information technology，IT），信息技术是帮助人们完成信息的收集、加工处理、存储、传递和利用的一系列技术，以通信技术和计算机技术为主体。由于现代通信技术离不开计算机，所以常以计算机技术代替信息技术。计算机技术包括计算机硬件技术、软件技术和网络技术。

3.4.1　通信技术

通信技术古已有之，例如：烽火台、鸿雁传书、驿站等。通信就是信息传递。现代通信技术将一切信息转化为电信号进行传递，按照电信号的类型，通信分为模拟通信和数字通信两大类。

模拟通信所传递的电信号是连续信号，与现实的信息相对应，如图 3-5 所示。数字通信将现实的信息转化为离散的，只有"0，1"两种状态的二进制信号进行传递，如图 3-6 所示。

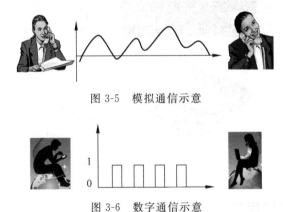

图 3-5　模拟通信示意

图 3-6　数字通信示意

现代通信以数字通信为主，计算机通信是全数字通信，电话通信在中继线之间的通信也是数字通信，只是在交换机到用户终端是模拟通信。电视即将普及数字化电视。一个二进制电信号叫一个比特（bit），以每秒传输的比特衡量传输速率。目前通信已在世界范围内形成网络，如图 3-7 所示。

3.4.2　计算机硬件技术

计算机硬件是一套存储和处理信息的电子设备，有五大部分组成：输入、存储、运算、控制、输出，如图 3-8 所示。

图 3-7　数字通信的组成部分

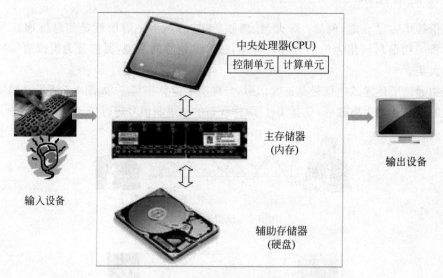

图 3-8　计算机的组成结构

3.4.3　计算机软件技术

软件用于完成数据的输入、处理、输出、存储及控制信息系统的活动。分为两大类：系统软件、应用软件，如图 3-9 所示。

（1）系统软件

系统软件是管理与支持计算机系统资源及操作的程序。

操作系统：管理 CPU 的操作、控制计算机的输入/输出、存储资源及分配活动，当计算机执行任务时提供各种服务。Windows98/2000/XP/ME 系列，Unix，Linux 等。

程序设计语言：为人们提供编程工具的软件系统。例如：C 语言系统、C++ 语言系统、Java 语言系统等。

数据库管理系统：对数据库的数据进行管理的软件系统，如 Access、SQL Server 等。

图 3-9　计算机软件与硬件的层次关系

（2）应用软件

应用软件是处理特定应用程序的软件，包括办公软件和商业应用软件。

3.4.4　计算机网络技术

一些位于不同地点的功能独立的（自治的）计算机相互连接起来，就构成了计算机网络。为什么要把计算机连接起来？两个基本目的：通信和资源共享。

计算机网络包括五大组成部分：终端计算机、主计算机、传输介质、网络连接设备、网络软件和协议，如图 3-10 所示。

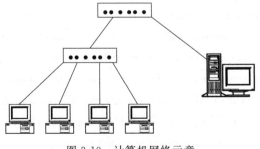

图 3-10　计算机网络示意

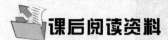 **本章小结**

　　本章首先探讨了信息管理学科和信息系统学科的区别与联系,及其研究领域,指出了信息管理与信息系统的三个主要专业方向。重点论述了作为学科和专业的三大基础,即以系统科学和系统工程为思想基础、以管理科学为理论基础、以信息技术为技术基础。

课后阅读资料

Some Assumptions about the Field of Information Systems

The paper rests on some assumptions about the nature of the field of information systems(by whatever name), the field being applied rather than basic science, the necessary practitioner connection, the nature of organizations employing information systems, and the complementary rather than alternative nature of different views of information systems. Although the field theoretically may develop a research agenda and conceptual foundations separate from its education mission, there is likely to be interaction.

1. A Field by Whatever Name

In North America, the terms information system (IS) and management information system (MIS) are identical in meaning and interchangeable in use. They refer to the system providing information technology-based information and communication services in an organization. These terms, and similar terms such as information management, also refer to the organization function that manages the system. The system terms and function names are broad in scope and encompass information technology systems and applications for transactions and operations, support of administrative and management functions, organizational communications and coordination, and for adding value to products and services. The academic field may be termed information systems (or IS), management information systems (MIS), information management, or management of information systems (MoIS). In other countries, there may be variations, such as informatics (often modified by organization, administration, or a similar term to differentiate from informatics as computer science).

　　The changes in terminology in the field reflect changes in the scope and consequently the research agenda. When computers were first utilized in organizations in the mid-1950s, the applications were primarily simple processing of transaction records and preparation of business documents and standard reports. This use was termed data processing (DP) or electronic data processing (EDP). The business function for developing and managing the processing systems was also termed data processing. By the mid-1960s, many users and builders of information processing systems developed a more comprehensive vision of what computers could do for organizations. This vision was termed a management information system (MIS). It enlarged the scope of data processing to add systems for supporting management and administrative activities including planning, scheduling, analysis, and decision making. The business function to build and manage the management information system was often termed MIS.

In the 1980s and 1990s, there was a merging of computer and communications technologies in organizations. The organizational use of information technology was extended to internal and external networks, systems that connect an organization to its suppliers and customers, and communications systems that enable people in organizations to perform work alone or in groups with greater effectiveness and efficiency. Many organizations were able to achieve competitive advantage by the use of information and information technology in products, services, and business processes. Innovative applications based on information technology created value by providing services any time, at any location, and with extensive customization. Web-based communication and transaction applications became common. Information technology-based systems were employed to change organization structures and processes. There emerged a tendency to employ simple, general terms such as information systems or information management to identify both the multifaceted information technology systems and the corresponding organization function.

2. Information Systems as an Applied Academic Field Must Connect to Practice

Information systems is a relatively new organization function and academic field. Although there have been some changes in other business functions and related academic fields, the set of organization functions has remained reasonably stable since the advent of modern management and organization theory and practice. What then is the basis for a new function and a new academic field?

Organizations have separate functions because of the benefits of specialization and the limits of humans in dealing with specialized bodies of knowledge and practice. There is a separate marketing function because there is a specialized body of marketing knowledge and specialized marketing activities that are performed best by specialists. The entire organization needs some understanding of marketing, accounting, finance, etc., but not everyone can be expected to have sufficient depth of knowledge and skill to perform all activities. Using accounting as an example, everyone uses accounting reports and provides input into accounting, but end-user accounting in which each person decided on the chart of accounts to use and the rules and procedures for accounts and reports would result in confusion and lack of performance of vital functions. The accounting function has specialists who deal with the chart of accounts, financial reporting, reports to governments and regulators, analysis of financial results, etc.

Information systems emerged as a separate organization function because of the need for specialized development and operational activities and specialized management procedures. It is possible to outsource many technical activities, but the core activities of strategic planning for information systems, determining requirements, obtaining and implementing systems, providing support, evaluation, and so forth require technical and managerial specialists.

Academic fields emerge when there is a body of specialized knowledge and practice that can be provided by an academic discipline. There is a strong mapping of organizational and societal needs to the fields of study in colleges and universities. The observed systems and activities of organization functions provide the basis for research. This logic is demonstrated in the development of the academic field of information systems.

There is a direct relationship between the activities of the information systems function in an organization and the academic field of information systems. The academic field describes the structure and activities of the function and explains "why" they are needed, "why" they are organized and conducted the way they are, and alternatives that may be applied and conditions suggesting their use. The academic body of knowledge not only describes and explains but also guides the development and application of practice by suggesting concept-based improvements. The rationale for the explanations, suggestions, and alternatives are derived from concepts and theories of human organization, communications, decision making, human capabilities, and so forth. The concepts employed are selected from large bodies of underlying discipline knowledge; selection is based on relevance to explaining or guiding practice. The debate over research rigor versus relevance to practice is ongoing. A recent issue of the *MIS Quarterly* (Vol. 23, No. 1, March 1999) presented many facets of this debate with responses from well-known scholars. The issue also contained articles on qualitative, interpretive, and case research in information systems.

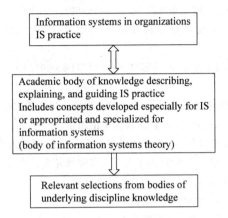

Figure 1. Relationship of Practice to Field Theory to Underlying Disciplines

（摘自文献[12]）

思考和练习题

1. 信息系统学科作为管理科学和信息技术融合的学科，其领域和边界范围是什么？

2. 请结合本专业的三大类方向，结合所在学校专业的特点以及兴趣爱好，考虑自己的专业学习重点。

3. 本学科专业的三大基础具有何种关系？

4. 请同学们思考如下情景，总结它们的不同特点，体会工程的思想。

情景1：火药与化学工程。

情景2：绝顶聪明的诸葛亮设计了"木牛流马"，实际就是一种手推车，机械专业和汽车设计专业的大学生即可设计各种手推车、电动车和汽车。

情景3：中餐与洋快餐比较。

5. 为什么说管理科学是本专业的理论基础？

6. 在本专业领域如果不了解和掌握基本的信息技术，将会出现什么局面？

本章参考文献

［1］　黄伟,汪应洛,杨善林.管理信息系统研究的发展历程、现状与将来——与世界一流海外管理信息系统学者的交流与访谈［J］.信息系统学报.2014,15(02).

［2］　课题组.中国高等院校信息系统学科课程体系 2005(CISC 2005)［R］.北京:清华大学出版社,2005.

［3］　索梅,牛东来."中国信息系统学科课程体系 2011"(CIS 2011)概览［J］.信息系统学报.2011,8(01).

［4］　陈禹,杨波.信息管理与信息系统概论［M］.北京:中国人民大学出版社,2005.

［5］　李宝山.管理系统工程［M］.北京:中国人民大学出版社,2004.

［6］　周三多,陈传明,鲁明泓.管理学——原理与方法［M］.上海:复旦大学出版社,1999.

［7］　杨善林,李兴国,何建民.信息管理学［M］.北京:高等教育出版社,2005.

［8］　艾德才.计算机信息管理基础［M］.北京:中国水利出版社,2001.

［9］　薛华成.管理信息系统［M］.(第四版).北京:清华大学出版社,2003.

［10］　张群.生产与运作管理［M］.北京:机械工业出版社,2003.

［11］　杜栋.信息管理学教程［M］.(第二版).北京:清华大学出版社,2004.

［12］　Gordon B. Davis. Information Systems Conceptual Foundations: Looking Backward and Forward. Organizational and Social Perspectives on Information Technology. Edited by R. Baskerville, J. Stage, J. DeGross. Dordrecht, Netherlands: Kluwer Academic Publishers, 2000.

［13］　司马贺(Herbert A. Simon)著,武夷山译.人工科学［M］.上海:上海科技教育出版社,2004.

第4章

主要专业课程简介

场景

哪门课有用

在9月初,某大学开学后不久,各个专业的负责教师对新生进行了专业动员会,一是表达对新生选择了本校本专业的欢迎;二是大概介绍一下本专业的情况;三是介绍一下本系的基本情况。系主任张老师发言后,请同学们提问,这时有个学生问道:"老师,在大学四年中我们要学多少门课?"张老师回答道:"大约40门。""啊,这么多!"许多同学异口同声说道。那个提问的同学又问道:"老师,既然学校开了这么多课程,那么哪门课程今后最有用,我们可以有重点地学习。"张老师这时很为难,说道:"这个问题很难回答,如果是就教育本身而言以及面对所有同学而言,我只能说所有课程都有用,但是对于同学个体来说,也许某门课程对他今后的职业发展更有用,需要他今后继续加深学习,但是具体是哪门,现在谁也不知道。"

这时张老师在投影屏幕上打出了图4-1,同学们看到了图钉的照片,觉得有点纳闷,图钉与学习课程有什么关系?

图4-1 以图钉比喻的知识结构

张老师看出了同学们的困惑,又在图钉照片右侧画了个图,写了一些字,然后继续讲道:"图钉的结构基本分为两个部分,一是接收力量的面;二是可以扎入物体的尖。如果没有面,则无法受力;如果没有尖,则不能扎入物体。人的知识结构可以用图钉比喻,如果没有适当宽泛的知识面,则功力不足;如果不在某一方面有所深入,则在职场中没有特长。而学校能够给予学生的,主要是知识面,而个人特长,则要在日后工作岗位中形成。"

(本场景依据作者亲身经历改编。)

请同学们思考或讨论如下问题:

(1) 如何借助学校的作用增加自己的知识、能力和技能?

(2) 根据你的兴趣爱好,你希望在哪些方面形成特长?或者先接受学校给的知识面,以后在工作中根据所处环境发展特长?

(3) 在学习中有两种典型思维方式。例如学习××学,首先定义什么是××学,搞清它的基本概念、包含内容,然后在实际中寻找应用。这是概念导向的学习方式。第二种方式,首先面对现实世界的经济、管理和社会活动中需要解决的问题,抽象出所具有的共同点形成一类问题,研究其特征、内在规律和解决方法,再给它起个名字叫××学,这叫问题导向的学习方式。请思考两种学习方式的优缺点和适用情况。

4.1 课程体系简介

在大学本科的 40 门左右课程中,分为不同的类型,可以从三个维度上进行分类,即课程层次、课程形式和课程级别三个方面,如图 4-2 所示。

一个专业的核心课程代表了本专业的核心要求,体现在三个方面,一是其内容反映了对知识和技能的核心要求;二是该课程具有综合性,即综合了一些其他课程的知识;三是该课程具有龙头性,要学好该课程,需要先学习若干门其他课程。专业核心课在层次上分为专业基础课和专业课,在课程形式上应该是理论课与课内实验或集中实践课配套。

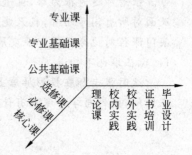

图 4-2 大学本科课程种类体系

"中国信息系统学科课程体系 2011"(CIS 2011)设计了 6 门核心课程和 6 门推荐课程,这些课程之间的关系如图 4-3 所示。其中**计算机网络及应用**、**数据结构**、**数据库系统原理**、**管理信息系统**、**信息资源管理**和**系统分析与设计**为核心课程,其余 6 门为推荐课程。这 12 门课程分为信息技术基础、信息系统与信息管理理论、信息系统与信息管理方法、信息系统项目管理与应用四个层次。

这个课程体系与教育部专业目录设计的核心或主干课程是一致的,只是教育部要求的课程包含了管理科学与工程所要求的 4 门专业基础课,构成了经济管理模块。在第 2

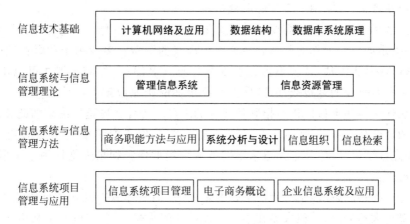

图 4-3　中国信息系统学科课程体系 2011

章介绍了专业课程的设计分为 3 个模块,具有 10 门左右核心或主干课程,如表 4-1 所示,下面就简单介绍这些主要课程。

表 4-1　三大课程模块的核心课程

专业课程模块	核心或主干课程
经济管理模块	经济学、管理学、管理统计学、运筹学
计算机模块	计算机网络基础、数据结构、数据库原理与应用、程序设计
信息管理模块	管理信息系统、信息资源管理、信息系统分析与设计、数据仓库与数据挖掘

4.2　经济管理课程模块

4.2.1　经济学

1. 问题的引出

在当今社会,也许没有人能够逃脱关于经济问题的媒体喧嚣、政策影响和个人选择。

在媒体的报道中,大量充斥着 GDP、CPI、PPI、金融危机、通货膨胀、失业率、货币政策、拉动内需等名词,大量的人每日坐在电视机前或打开电脑收看关于这些经济现象的发展变化的报道,因为这些问题的变化影响着当今千家万户的财产变化。

社会经济现象和政府的经济政策在许多方面与我们息息相关,如今多少家庭在关心着房价走势? 如果现在买房,明年跌了岂不后悔? 如果先等一等,明年涨了怎么办? 如今有多少人在预测着政府适度宽松的货币政策在何时将会适度收紧? 政府推出了鼓励家用电器以旧换新政策,你家用了5年的电视机换了吗?

当你大学毕业时,你可能需要劳神费力地决定是继续读研究生,还是去工作?在工作之后,你要决定如何分配你的收入:多少用于现在的消费?多少用于理财?理财的资金是存在银行,还是买国债,或投资股票?如果你是一名雇员,如何发展才可以不断增值?如果你成了一名企业的老板或经理,你需要决定你的企业应该生产什么产品?卖什么样的价格?在什么媒体上做广告?招聘什么样的人员?为什么做这些决定如此费神?因为你的时间和资金是有限的,而且未来又难以确定,如果你参加工作,就可能没有时间读研究生;如果先读了研究生,又不知道未来的就业市场如何?如果你把钱用于买房子,就可能没有钱再来买汽车。

对于这类问题的解决,学习经济学是有帮助的,但是作者在此提醒同学们注意,经济学理论有着很大的局限,希望大家在学习中保持清醒头脑。第一,资本主义市场经济学理论不完全适合中国特色的社会主义。第二,凡事斤斤计较的理性人有悖于团队精神,经常不利于正确处理个人目标和组织目标的关系。第三,不能什么都以经济衡量,在人生的道路上,理想与使命、兴趣与爱好、责任与目标,往往比金钱更重要。

2. 课程性质与教学目的

现代经济学是研究混合经济条件下,稀缺资源的合理配置与利用的科学。根据研究对象和所要解决的问题不同,经济学又分为微观经济学和宏观经济学两个部分。微观经济学以单个居民、企业的经济行为及其相互关系为研究对象。宏观经济学研究经济总量的决定及其变动。经济学是管理类专业的核心专业基础课程之一。

本课程的教学目的是使学生掌握现代经济学基本的分析工具、分析方法以及基本原理;培养学生运用所学知识分析问题、解决实际问题的能力;为其他相关课程的学习打好基础。

课程形式分为理论课和实训课。

3. 教学要点

(1) 资源配置和混合经济

了解:市场经济、计划经济、混合经济配置资源的特征。

理解:稀缺和选择的关系。

掌握:资源配置问题的根源、机会成本的概念以及混合经济的必然性。

(2) 消费者行为和需求

了解:消费者行为和效用、需求曲线和需求量的变动。

理解:消费者均衡的条件;均衡的变动;需求定律;需求曲线的特征。

掌握:消费者均衡的条件及几何表达;需求的价格弹性。

（3）企业产量、成本与供给

了解：生产函数；等产量线、等成本线；短期和长期；供给表和供给曲线、企业供给和行业供给的区别。

理解：总产量、平均产量及边际产量的关系；适度规模；均衡和供给曲线的关系。

掌握：边际产量递减规律；掌握两种生产要素最适组合的条件；掌握最大利润及实现条件。

（4）均衡价格

了解：均衡、剩余和短缺的基本含义。

理解：理性行为与均衡。

掌握：均衡价格模型的应用。

（5）市场结构

了解：四种市场结构：完全竞争、垄断、垄断竞争和寡头垄断。

理解：四种市场结构的基本特征。

掌握：不同市场结构的均衡条件和竞争者常用手段。

（6）要素市场

了解：要素市场的交换关系。

理解：劳动的供给曲线及需求曲线的由来。

掌握：工资、地租、利率和利润的决定。

（7）宏观经济

了解：衡量宏观经济主要指标、财政政策与货币政策。

理解：国内生产总值（GDP）、总供给与总需求的关系、经济周期、失业与通货膨胀。

掌握：用总供求模型分析某一事件对宏观经济的影响，通货膨胀的经济效应，经济增长的源泉。

（8）实训课

实训课程的目标是使学生运用经济学基本分析工具、分析方法以及基本原理分析现实经济现象。它需要学生有经济学知识和一定的数学能力。

专题 1：探讨北京市房产的均衡价格

专题 2：分析我国电信行业的市场结构

专题 3：GDP 的内涵与社会幸福的衡量指标

4.2.2 管理学

1. 问题的引出

大家都见过电子门铃，其生产技术也不难。一个电子门铃有一个外壳、一个扬声器、一个电路板、两个三极管、一个电阻、两个电容和若干铜导线。用电烙铁将元器件焊接起来即可。

如果你的朋友需要大约10个门铃,你准备自己制作10个门铃卖给他们。你的做法自然是首先自购原料,然后自己从头到尾焊接组装,完成产品之后,也许你自己打电话请他们来取货,也许你送货上门,总之也是你自己收取货款。这就叫作坊式生产。

如果你及你的朋友们认为该产品很有市场,集资100万元准备批量生产,准备每月生产数千个至数万个。这就不能用作坊式生产,也就是不能你一个人从头到尾什么都干,要进行分工协作。随之而来的一系列问题需要你解决。

产品应如何定位? 是比别人的价格低? 还是功能好?

预计销售量、销售额和支出为多少?

计划每月产量?

按照何种规模组织生产?

如何组织销、供、产的各个环节?

如何安排人、财、物各类资源?

部门和人员如何划分职责,如何设立岗位?

如何让大家同心同德,共同为公司利益奋斗?

如何规范职工的行为?

公司的实际运行情况能与计划一致吗? 不一致如何处理?

这一系列问题,不仅仅存在于企业之中,一切组织机构都有类似的问题,即管理问题。

2. 课程性质与教学目的

管理学是管理科学与工程(一级学科)下属各个专业的核心课程,主要研究和介绍企业或一般社会、经济组织管理的基本概念、原理和方法。同时,也只有在掌握了本课程的基本原理之后,才可以把握市场营销、生产管理、财务管理、信息管理等课程的基本内容。

通过本课程的学习,学生应能掌握决策、计划、组织、领导、控制、创新等管理思想的基本概念;掌握管理学的基本方法与基本理论;了解管理思想和管理理论的产生与演变过程,了解历史上管理理论的主要流派;熟悉管理过程各阶段的主要工作内容及其组织方法;在熟练掌握上述内容的基础上,应能利用有关理论和方法,分析一些管理中的具体问题。

3. 教学要点

(1) 管理概论

了解:管理的定义,管理基本职能,管理者所扮演的三大类角色,管理者所具备的三大类技能,管理活动的不确定性,管理与环境等。

掌握：各种管理定义的联系与区别,各种管理职能的具体含义及其相互关系,管理的两种属性及其区别。

（2）管理思想史

了解：中外早期管理思想,管理活动、管理思想与管理理论之间的关系,管理理论的演变史。

掌握：各个时期代表人物的重要理论内容、特征,当代管理理论的最新内容等。

（3）决策

了解：决策的定义、原则、分类等,常用决策方法。

掌握：决策过程的每个步骤及其解决办法,各种解决方法的基本思想与优缺点。

（4）计划

了解：了解计划的概念,计划的构成要素,计划的性质,计划的分类标准和计划的编制过程。

掌握：计划与决策的关系,主要类型的计划,程序化决策与非程序化决策的关系。

（5）组织

了解：组织和组织设计的定义,组织结构的基本特征,职权、授权和层级的有关概念,影响组织变革的因素与组织变革的基本类型,组织文化的有关内容等。

掌握：组织设计的任务、基本原则以及主要影响因素,职权与权利、幅度与层级、集权与分权的有关内容,组织变革的内容与过程,组织文化的具体内容与塑造。

（6）领导

了解：领导的作用,权力与领导的关系,领导者和领导方式的基本分类,有关激励的内容。

掌握：领导与管理的关系,不同领导者和不同领导方式基本特征,激励与行为、结果的关系,人的需求层次理论等。

（7）控制

了解：控制的必要性和预算控制。

掌握：控制基本过程——确立标准、衡量绩效和纠正偏差,控制的类型和主要控制方法。

（8）创新

了解：创新与维持的基本概念,创新的类型及其特征等。

掌握：创新与维持的相互关系,创新活动的主要内容及其组织。

4.2.3　管理统计学

1. 问题的引出

全校所有学生的基本情况以及每门课程的考试成绩都存入数据库中或者以 Excel 文

件形式保存,如表 4-2 所示。

表 4-2　某班学生英语课原始成绩

学　　号	姓名	性别	英语成绩/分
0905001	张 1	男	87
0905002	王 2	女	98
0905003	李 3	男	88
……	……	……	……

　　这些原始数据反映了每个个体的情况,但是管理者经常需要反映总体情况的数据,用一系列统计指标、统计表和统计图来描述事物总体情况,例如:该班总体情况如表 4-3 所示。

表 4-3　成绩统计表

成绩等级/分	人数	比率/%	平均指标
不及格(<60)	0	0	
及格(60~69)	10	20	
中(70~79)	20	40	平均数:78
良(80~89)	15	30	标准差:9
优(90~100)	5	10	
合计	50	100	

　　同学们看到这里也许会觉得统计学很容易,不错,描述统计的确不难,但是推断统计就有一定难度,请同学们做好思想准备。如果表 4-2 不是某班的英语成绩,而是在全校 2 万名学生中随机抽取的 200 名学生,平均成绩 78 分,我们希望知道全校 2 万名学生的平均分数以 90% 的可靠性在什么范围内。再如,男生平均成绩 76 分,女生平均 78 分,能说明女生学习成绩比男生好吗?如果说能,有一定道理,但是理由不充分,怎么能用 200 人代替 2 万人?这些问题要由推断统计解决。

2. 课程性质与教学目的

　　管理统计学是管理科学与工程类专业的核心课程之一,属于专业基础课程,研究在管理领域,依据统计学理论和方法进行数据的收集、描述和分析。

　　课程目的是使学生建立通过数据的收集和处理解决管理问题的思想,掌握利用问卷收集数据的方法,掌握统计描述和统计推断的基本原理和方法,能够熟练地使用统计软件进行统计描述和分析。

3. 教学要点

（1）统计数据的采集

了解：不同调查方法的特点和适用场合。

掌握：统计调查方法设计。

（2）统计数据的整理与展示

了解：数据的计算尺度和类型，绝对数和相对数的意义，比率的计算。

掌握：数据分组方法、编制频数分布表、绘制统计图。

（3）数据分布的描述

了解：典型数据分布的图形特点。

掌握：集中趋势：众数、中位数和均值的意义及其计算；离散趋势：方差、标准差和离散系数的意义及其计算。

（4）抽样估计

了解：对估计量优良的判别标准。

理解：区间估计的基本原理。

掌握：对总体平均数的区间估计和对总体比率的区间估计方法。

（5）假设检验

理解：假设检验的基本思想以及与区间估计的关系。

掌握：对总体均值和总体比率的假设检验。

（6）方差分析

理解：方差分析的基本原理与应用。

掌握：单因素方差分析和双因素方差分析的方法。

（7）相关与回归分析

了解：多元线性回归和非线性回归的基本方法。

掌握：相关与回归分析的基本原理、方法，一元线性回归的计算方法。

（8）时间序列分析

了解：时间序列分析的应用，长期趋势和季节因素分析方法。

掌握：动态分析指标的计算方法。

（9）统计指数

了解：统计指数的应用。

掌握：指数体系和因素分析方法。

（10）实践课

掌握：问卷设计与调查，统计软件的使用。

4.2.4 运筹学

1. 问题的引出

同学们一见到"运筹"二字,就知道这门科学与战争有关,的确是这样的。不论是在我国还是欧美,这门科学与军事紧密相关。在我国,"运筹"二字来源于汉朝时期刘邦对其谋士张良的夸奖,即:"运筹帷幄之中,决胜千里之外。"在第一次世界大战和第二次世界大战期间,美国和英国的一些科学家和军人组成研究小组,利用数学方法解决所遇到的问题。例如,著名的飞行问题即是其一。在 1942 年,英国皇家空军某中队有 25 架飞机,飞机出勤后要进行维修、待命、待修这样的过程。中队长希望知道在不增加飞机和维修力量的条件下,如何做到飞机的出动次数最多?数学家将这个问题抽象为数学模型,然后求解这个模型使问题得到解决。在这之前,运筹学已经为"二战"期间的盟军做出了卓越贡献,当时英国的作战研究部主任罗威(Rowe)称这种工作叫 Operational Research。后来,Operational Research 传到我国,如果直译为"操作研究"显然不能表达该学问的本质含义,所以著名数学家华罗庚教授就将其定名为"运筹学"。

在当今信息时代,运筹学的用途更加广泛,结合计算机技术,运筹学发挥了越来越大的威力。

2. 课程性质与教学目的

运筹学是管理科学类专业的主干课程之一。设置本课程的目的在于培养学生能够将一些经济管理问题抽象为数学模型,然后通过求解模型来解决问题的能力。

在经济和管理工作中,经常会面临各种决策问题,包括各种计划的制订、控制的执行和决策的分析等。如何进行科学合理的决策,特别是如何使决策的效率最优,这就是运筹学所要解决的问题。

在计算机软件高度发达并不断进步的今天,对于管理类专业来说,其学习重点不是在模型的求解,而是分析问题并建立模型的能力。

3. 教学要点

(1) 线性规划

了解:线性规划方法在经济和管理中的应用。

理解:单纯型法解题原理和方法,对偶理论的分析方法。

掌握:线性规划的建模方法。

(2) 目标规划

了解:目标规划在多目标决策中的应用。

掌握：目标规划的建模方法与线性目标规划的解题方法。

（3）整数规划

了解：整数规划在经济和管理中的应用。

掌握：整数规划建模方法。

（4）动态规划

了解：动态规划的基本思想及其在经济管理中的应用。

掌握：一维离散动态规划的建模和求解。

（5）网络优化

了解：网络规划的应用场合。

掌握：图论基础,最短路径问题、最大流量问题和最小费用等问题的网络优化方法。

（6）排队论

了解：排队论的基本分析方法。

掌握：排队论建模。

（7）存储论

掌握：存储论的建模和求解方法。

（8）博弈论

了解：博弈论的基本分析方法。

掌握：二人零和博弈模型的建立和求解。

（9）实验课

掌握利用计算机软件的解题方法。

4.3　计算机课程模块

4.3.1　计算机网络基础

1. 问题的引出

图 4-4 为某公司计算机网络结构图。

看了这张图后,同学们可能很想知道：

（1）各个设备具有什么功能和作用？

（2）各个设备如何进行连接？

（3）信息在网络中如何传递？

（4）这些计算机在网络中如何确定位置？

（5）众多不同的用户是否分组？ 不同的组是否具有不同的权限？

（6）如何保证网络安全？

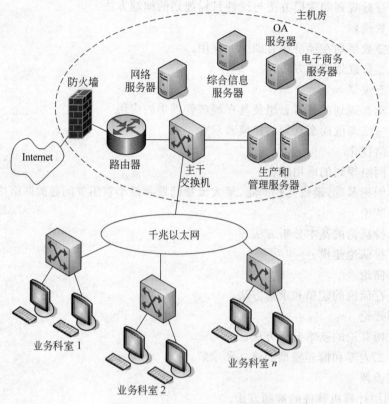

图 4-4　某单位计算机网络结构图

总之,同学们要想知道如何建立和管理这样一个计算机网络,那就必须学习"计算机网络基础"这门课程。

2. 课程性质与教学目的

本课程作为信息管理与信息系统专业的核心课程之一,涵盖了较多的计算机网络的理论知识,又注重实际应用的主要技术,具有较大的实用性。课程的重点及内容必须是动态的,才能使培养出来的人才适应时代的需要。

其教学目的是:从应用的角度出发,通过本课程学习使学生掌握计算机网络的基本原理及组成,计算机网络的基本概念及相关的新概念;了解计算机网络的发展特点、设计技巧和方法,能够基本承担网络系统集成工作;能够操作和使用常见计算机网络。

课程形式分为理论课和实验课。

3. 教学要点

(1) 计算机网络概述

了解：计算机网络的产生与发展过程。

理解：计算机网络的模式。

掌握：计算机网络定义、组成、分类及功能。

(2) 数据通信基础

了解：数据传输与通信方式、多路复用技术和差错控制。

掌握：交换技术的基本原理与方法。

(3) 网络体系结构

了解：分层体系结构，OSI 参考模型，数据流过程。

掌握：OSI 的各层功能。

(4) 计算机局域网

了解：局域网协议标准。

掌握：掌握以太网、令牌环网的工作原理，掌握微机局域网的实用技术。

(5) TCP/IP 协议

了解：TCP/IP 参考模型。

掌握：IP 地址分类、子网划分方法、子网掩码作用。

(6) 网络互联技术

掌握：利用不同的网络设备构建网络的基本方法。

(7) 广域网技术

了解：各种广域网技术。

掌握：局域网与互联网连接的基本知识。

(8) Internet 应用技术

了解：WWW、FTP、Telnet 原理。

掌握：Windows 网络操作系统的配置方法。

(9) 计算机网络安全

了解：计算机网络安全的具体含义和重要性。

掌握：常见网络安全技术。

(10) 网络工程与管理

了解：计算机网络系统集成的相关知识技能和网络工程设计要点。

掌握：网络管理的基本内容。

(11) 实验实训课程

实验一：对等网

实验二：基于服务器的网络构建

实验三：双网卡服务器的配置，子网划分

实验四：远程登录服务器的配置

实验五：WWW 服务器的配置

实验六：FTP 服务器的配置

4.3.2　数据结构

1. 问题的引出

某电视台希望小王为他们编制一个程序。该程序可以将节目串在一起，形成一份有序的节目预告。节目列表有如下三项要求。

(1) 节目名称，包括"新闻联播""天气预报""祖国各地""体育之窗"和电视剧等。

(2) 节目主持人。

(3) 播放时间长度。

应该从何处入手解决这个问题？首先，是对问题的分析，看看要去做什么？具备什么条件？提出了什么约束？当然这个电视节目问题比较简单。然后看看所要处理的数据对象是什么？数据之间具有什么关系？用什么方式表达出来？当数据的逻辑关系被准确表达之后，就可以考虑计算的方法问题，最后用编程语言把计算方法描述出来。

信息系统的核心就是利用计算机对数据进行处理，所以，如何在计算机中组织、存储和传递数据，就成为一个必须解决的问题，"数据结构"这门课程即为解决这个问题而设。

2. 课程性质与教学目的

本课程是信息管理与信息系统专业及相近专业本科生的专业基础课。本课程讨论现实世界中数据(即事物的抽象描述)的各种逻辑结构，在计算机中的存储结构，以及一些典型数据结构的算法。

本课程应用通用的 C(C++)描述算法，可以在相应环境下编写程序以实现数据结构的算法。

课程形式为理论课和实训课。

3. 教学要点

(1) 绪论

了解：数据结构课程的主要内容，基本概念。

掌握：描述算法的语言(C 或 C++)，算法的基本概念。

（2）线性结构

了解：线性表及其特例栈、队是最简单常用的数据结构。

掌握：线性表、栈、队在不同存储方式下的增、删、改操作，以及应用这些数据结构的算法。

（3）树和二叉树

了解：树型结构是最重要的一类非线性结构，树与森林的定义和相互转换。

掌握：二叉树的概念、性质、三种主要的遍历算法，二叉排序树的查找操作。

（4）排序

了解：排序算法的种类及其各自的优缺点。

掌握：排序的基本概念、插入排序、选择排序、交换排序。

（5）查找

掌握：查找的基本概念、顺序表的查找、索引表的查找。

（6）文件组织

了解：各种文件的组织方法，文件的增、删、改操作。

（7）实训课

教师给出若干题目，学生分析题目，确定方法和主要数据结构、数据的存储表示与算法设计，用 C 或 C++ 编程实现，并提交课程设计报告。

4.3.3　数据库原理与应用

1. 问题的引出

任何一个单位都具有大量的描述客观事物的名称，例如"职工""学生""设备"等，而这些事物又具有若干属性，例如"学生"具有学号、姓名、性别、成绩等属性。这些客观事物的名称及其属性的名称都是数据。如何把这些数据有序地组织起来便于使用，面临如下问题：

（1）如何描述这些数据之间的关系？

（2）以何种形式存储这些数据？

（3）常用形式的信息一般表现为各种各样的报表，信息管理人员如果事先设计好各类报表进行存储，如何应付日常工作中数据的经常变化？

（4）如何对数据进行各种形式的查询？

这一系列问题用数据库理论和数据库管理系统便可以方便地解决。图 4-5 与图 4-6 给出两个数据查询系统案例。图 4-5 是本专业教师完成的一个课题。

2. 课程性质与教学目的

本课程是信息管理与信息系统专业本科学生的专业核心课程之一，是一门实用性很

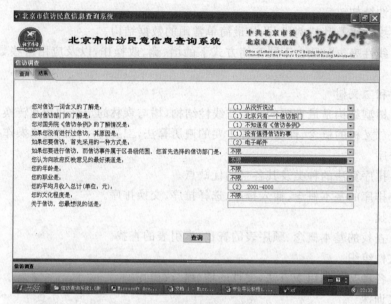

图 4-5　信访查询系统

图 4-6　学生成绩查询系统

强、面向数据库技术应用和设计开发的重要技术应用课程。

　　在计算机应用过程中,数据库应用一直占有举足轻重的地位,本课程就是完成信息管理与信息系统学生此部分的专业知识的学习。鉴于当前数据库应用主要以关系数据库为主,本课程以一种关系数据库管理系统 SQL Server 为例,使学生掌握数据库原理,理解关系数据库的设计方法、设计思路,了解当前数据库系统的发展概况,掌握应用一种关系数据库语言建立数据库应用系统的方法。

课程形式为理论课、实验课和实训课。

3. 教学要点

(1) 数据库系统基本概念

了解:数据、数据管理、数据库等概念,数据库的发展和数据库系统的特点。

理解:数据库、数据库管理系统和信息管理系统之间的关系。

(2) 数据模型与概念模型

理解:信息的三个世界及联系。

掌握:概念模型的表示方法以及几种常见的数据模型。

(3) 数据库设计

掌握:数据库设计的理论和方法。

(4) 关系数据库

掌握:关系模式及其定义及两种关系操作语言。

(5) 关系数据库标准语言

了解:SQL 及其特点。

掌握:SQL 语言的使用。

(6) SQL Server 关系数据库系统

掌握:SQL Server 的使用。

(7) 关系数据库理论

掌握:关系规范化理论。

(8) 数据库保护

理解:数据库安全性、完整性、并发控制、恢复技术的概念。

掌握:SQL Server 数据库保护的使用。

(9) 实验课

自选一个实际问题,例如:学生管理、图书管理、库存管理等,进行概念模型和数据模型的设计,并且利用 SQL Server 完成创建数据库,设置数据库属性并进行查询。

(10) 实训课(证书培训)

微软 SQL Server 2005 认证培训。

(11) 实训课

Oracle 数据库管理系统的操作。

4.3.4　程序设计

程序设计课程是一大类课程，包括："C 语言程序设计""VB 程序设计""C++ 程序设计""Java 程序设计""C♯ 程序设计"和"Web 程序设计"等，其中"C 语言程序设计"是必修的专业基础课，其他程序设计语言，本专业的学生应该至少掌握其中 1～2 种。下面以"Web 程序设计"为例。

课程形式为理论课和实验课、实训课。

1. 问题的引出

图 4-7 是一个网上书店的案例，该页面是其主界面。提出以下问题请同学们思考：

（1）网上书店所用信息：图书信息、用户信息、订单信息、出版社信息、员工信息和用户留言信息等，是如何组织的，如何存储的，如何发布的，应用了哪些技术？

（2）用户登录应用了哪些技术，如何使用户信息具有一定的安全性？

图 4-7　网上书店截图

（3）用户是如何预订图书的？购书车如何实现？

（4）主界面的实现应用了哪些技术？

2. 课程性质与教学目的

"Web 程序设计"是一门综合性较强的课程，所以也有学校将其作为"计算机信息系统集成技术"课程的核心内容,该课程是信息管理学科的一门重要专业课程,应用性学校的本专业应将其作为核心专业课程之一。

3. 教学要点

本课程应使学生了解目前在信息系统应用中所采用的主流技术,开发平台,应用领域,信息的搜集整理;强调基本理论概念,着重与实际训练相结合。

要求掌握基于数据库在网络上的开发与应用,基于 Web 的各种脚本语言的编程和学习,学会团队协作精神,培养接受新事物和学以致用的能力。

理解什么是互联网,什么是企业网,它们的功能及所使用的技术;什么是 TCP/IP 协议,它的组成、结构与功能;了解 IP 地址与域名的概念,初步掌握企业网 IP 地址的规划方法。

掌握浏览器的工作原理和常规设置;理解 Web 的基本概念和客户机/服务器的工作模式。

理解网页超文本标记语言 HTML 的知识与使用方法;JavaScript 或 VbScript 脚本语言的基本语法和编程、工作机制及其特点;学会脚本语言面向对象的基本概念;了解 ActiveX 的基本概念及其相关的知识;了解静态、动态 Web 技术的概念;了解与 Web 技术有关的新技术、新动向,Web 服务器的发布、配置等基本概念。

掌握至少一种制作网页的软件技术,具备建立网站的基本能力;能够熟练制作静态页面的网页;学会至少一种活动页面制作技术;会编制基于数据库的活动网页,完成前后台对数据库的操作。

本课程注重使用软件技术的环境介绍和常用技法的训练,应有丰富的典型实例剖析、案例分析。学生在完成本课程学习之后,应了解企业的需求和用 Web 技术实现的目标,具有基本的 Internet/Intranet 网络知识,进行站点配置、首页创意、主页的设计与制作、站点的创建与发布的能力,及利用各种 Web 技术完成更为复杂的基于客户/服务模式的数据库应用的综合编程能力。

4.4　信息管理课程模块

4.4.1　管理信息系统

1. 问题的引出

请同学们先看看图 4-8,这是用友公司开发的企业管理系统(用友 ERP-U8),大家看看这套信息系统涉及了企业管理的哪些方面?

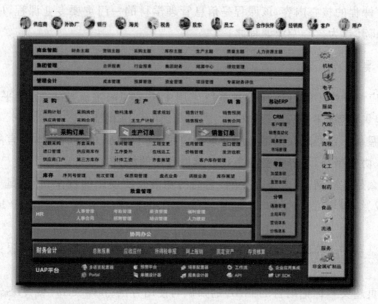

图 4-8 用友 ERP 的界面

　　作为典型的管理信息系统,如今的企业资源计划系统(ERP)已经成为了一个经营管理平台,纵向上从基层管理直到高层决策的各个层次,在经营领域上包含了从采购、财务到营销的各个方面,图 4-9 为用友 ERP 中的商业智能系统结构。

　　认识管理信息系统,同认识任何复杂事物的思路相同,首先要从整体上认识它的作用、主要功能和结构。在对信息系统有了整体认识之后,对于其他课程的角色和位置就会有比较全面深刻的理解。

2. 课程性质与教学目的

　　管理信息系统课程是管理科学与工程类本科专业的核心课程之一,通过课程学习,培养学生对管理信息系统的整体认识,即从管理的视角了解管理信息系统的概念及其对管理的影响,认识管理信息系统的战略地位以及对组织变革的作用;从应用的角度认识管理信息系统的技术基础和主要应用,理解用户在管理信息系统建设过程中的责任和作用;从建设视角了解管理信息系统的建设过程和信息系统的管理。

　　课程形式为理论课和实训课。

3. 教学要点

(1) 信息系统的概念与作用

　　了解:信息系统的发展历史,信息系统的不同应用类型,组织如何利用信息系统获得

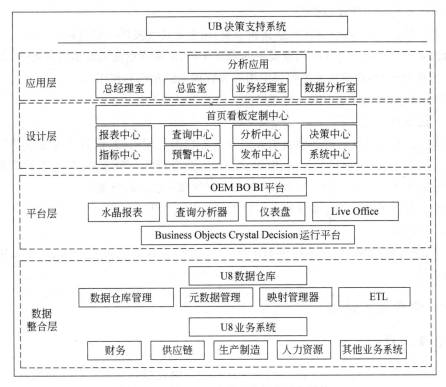

图 4-9 用友 ERP 中的商业智能系统结构

竞争优势,信息系统与组织战略、管理变革的关系。

理解:信息系统对不同管理层次的支持,信息系统的战略作用。

掌握:从管理的角度重点掌握信息系统的概念,初步掌握战略信息系统的概念。

(2)信息系统的体系架构

了解:管理信息系统体系架构的各种划分方式。

理解:信息系统体系架构的三大部分:技术部分、管理部分和组织部分的主要内容。

(3)信息系统的应用

了解:信息系统的基本功能类型,信息系统的最新发展,决策支持系统、专家系统、联机分析处理、商务管理的基本概念和一般原理,管理者应用这些技术进行决策的一般方法。

理解:信息系统对管理的影响和支持。

掌握:销售与营销系统、制造与生产系统、会计与财务系统、人力资源系统的基本特点,以及这些系统在组织中的应用,企业资源计划(ERP)、供应链管理(SCM)、客户关系管理(CRM)以及电子商务的相关基本概念。

（4）信息系统的建设与开发

了解：信息系统规划的目的、意义和步骤，信息系统开发的一般过程。

理解：信息系统规划在组织建设中的重要作用，生命周期法和原型法的特点、局限性和各自的使用范围，在信息系统建设中用户和管理者的角色和作用。

掌握：信息系统规划中的几种典型的方法及其特点。

（5）信息系统的管理

了解：信息系统建设的不同组织方式及其各自的适用范围，信息系统建设项目的特点，及其信息系统建设项目的计划、组织、控制、人员管理的一般方法，信息系统日常管理的组织机构和基本内容，信息系统常见的安全问题和一般控制措施。

理解：管理者对于信息系统建设项目成败的关键作用。

（6）实训课

以 ERP、CRM、SCM、进销存和 HR 等系统为例，在计算机机房中认识、模拟使用这些信息系统。

4.4.2　信息资源管理

1. 问题的引出

信息资源管理古已有之。同学们看看自己的身份证号和学号所包含的信息，这就是信息资源管理。再想想去图书馆借书还书的情况，图书馆藏书数以万计、十万计，必须对书的名称、作者、出版社、ISBN 号、数量等信息与藏书的具体位置对应，使得读者快速方便地查找。信息资源管理做到这些还远远不够。大家想想，那些数量众多的藏书被读者使用的次数可能是均衡的吗？显然不可能。如果要进一步更好地为读者服务，必须清楚各种藏书被使用的次数分布，在没有计算机的时代，怎么办？

现代信息资源管理离不开计算机和网络，但并不是用了计算机和网络之后就自然而然的可以做好信息资源管理。

一个单位花费了很多资金建立了局域网，每个科室配备了多台计算机和打印机，建立了办公自动化系统（OA），每个职工都分配了电子邮箱，过去上级发通知都是纸质文件，现在多为电子文件。这就叫实现了信息管理吗？且看这个单位的问题：

（1）上级的各个部门今天要一张报表，明天要一张表，基层单位和基层职工苦不堪言，都反映：“同一份文件已经交了 n 次，为什么还要交 $n+m$ 次”？

（2）数据不准确和不一致问题。例如：教师从 OA 得到的学生名单与班级实际学生经常有所差别，点名册的名单与成绩单的名单有差别。

（3）上级有关职能部门，多个部门收集同一类资料，例如两个部门收集教师科研情况统计,但总是不一致,为什么?

　　诸如此类问题,都是因为没有有效地进行信息管理。信息管理要求做到一个数据由一人一处一时录入,多处多人多时使用,绝不可以在多处多人录入,或一人多次录入,否则就一定会混乱。信息管理有它的原则、过程、方法和工具,图 4-10 为我国著名信息化专家高复先教授主持研制的信息资源规划工具。

图 4-10　信息资源管理工具

2. 课程性质与教学目的

　　信息管理是人类为了有效地开发和利用信息资源,以现代信息技术为手段,对信息资源进行计划、组织、领导和控制的社会活动。信息管理学是以信息资源及信息活动为对象,研究各种信息管理活动基本规律和方法的科学。信息活动包括信息的收集、存储、传递、加工处理和使用,信息管理就是要对信息活动的每个环节进行计划、组织、领导和控制。信息资源管理的目的是充分开发和利用信息资源,为实现组织目标服务。

　　本课程的基本目的是使学生掌握信息管理的基本理论、方法和主要过程,掌握组织机构信息资源规划的基本理论、方法和工具,具有针对一个具体的组织机构制定信息管理方案的能力。

　　课程任务是使学生通过本课程的理论学习和实训,能够站在一个组织机构(企业、学校、机关等)的信息主管(Chief Information Officer,CIO)的角度,提出信息管理的基本解决方案,利用信息管理支持组织机构的发展战略,提高信息管理效率。

　　本课程包含理论课和实践课。

3. 教学要点

(1) 总论

掌握:信息概念、信息资源管理概念。

理解：信息相关概念、知识管理、信息活动过程。

了解：信息社会、信息资源管理的发展。

（2）信息资源管理的基本原理和原则

掌握：信息资源管理的四个基本原理和四个基本原则。

理解：原理与原则的关系、各原理对于信息化建设的指导作用。

了解：信息资源管理的基本原理和原则的应用。

（3）信息资源管理职能

掌握：信息资源管理的计划、组织、领导、控制职能。

理解：信息资源管理在企业管理中的重要作用。

了解：某单位组织结构优化案例。

（4）信息资源活动过程管理

掌握：信息资源管理基本过程。

理解：信息资源采集方法、信息资源组织方法、信息资源存储与检索、信息服务，信息资源管理过程应用案例。

了解：信息资源检索与服务的新技术和新发展。

（5）信息资源战略管理

掌握：信息资源战略管理的基本理论、目的、作用、内容和过程。

理解：企业信息资源战略的类型、制定和实施过程。案例企业制定信息战略的步骤和内容。

了解：政府和国家信息资源战略。

（6）信息资源标准化管理

掌握：五大信息资源基础标准的建立。

理解：标准化的基本概念和分级、标准化的管理原则和过程，信息资源管理标准分类、信息资源标准化的分类方法。

了解：基于标准的信息资源管理工作和案例内容。

（7）信息资源规划

掌握：业务需求分析和数据需求分析。

理解：系统功能建模、系统数据建模、系统体系结构建模。

了解：信息资源规划的概念、信息资源规划的要点、信息资源规划的意义、信息资源规划的工程化方法。

（8）信息资源开发利用

掌握：信息资源开发利用基本含义、目的、任务和主要内容。信息资源开发模式和流程，信息资源利用策略和用户行为。

理解：信息分析。

了解：信息资源开发利用的政策法规问题。

（9）企业信息化和信息资源管理

掌握：企业信息化和信息资源管理的基本内容和方法、业务流程再造、电子商务、工业 4.0、数据中心的基本概念。

理解：上述管理模式的主要内容、信息化与业务流程再造。

了解：案例内容。

（10）中小企业信息资源管理

掌握：信息化对中小企业的作用，中小企业信息化步骤，软件即服务方式。

理解：中小企业类型划分的基本思想和不同类型企业的信息化模式。网络环境下中小企业合作模式。

了解：案例内容。

（11）事业单位的公共信息资源管理

掌握：公共信息资源及其管理的基本内容。

理解：不同事业单位信息资源管理的特点。

了解：其他国家或地区的公共信息资源管理。

（12）实训课

实验 1：信息资源规划课程设计

以某组织机构为背景设计信息资源管理基础标准和信息资源规划全套方案，撰写课程设计报告。

实验 2：软件即服务（SAAS）实验

利用某公司（用友集团、八百客公司等）的平台配置客户管理系统。

4.4.3　信息系统分析与设计

I. 问题的引出

在第 3 章系统工程内容中已经提到，同样是盖房子，农民盖房子可以不用正规设计，也不用图纸，但是事实上也有一个大体的规划和设计，只不过记在人的头脑中，没有用文字图形表达出来。工程师盖房子则一定要进行规范化的设计。

开发信息系统也一样，开发小软件不用正规的分析和设计，而开发正规的信息系统则一定要事先进行规划、分析和设计，以指导编程工作。

请看图 4-11 这个信息系统。

大家看到了这个信息系统具有这么多功能，可以用于中小企业管理。请思考如下

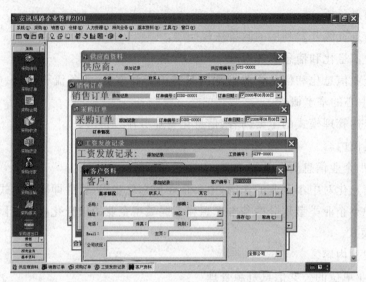

图 4-11   一个信息系统示意图

问题:

(1) 在系统开发之前,如何确定系统应有什么功能?

(2) 如何对系统的功能进行划分?

(3) 系统及其各个部分都输入、输出什么信息? 如何对信息进行处理?

(4) 对于一个比较复杂的系统,是否要划分程序模块? 如何划分?

在编程之前要确定这一系列问题,就是系统分析与设计的问题。

2. 课程性质与教学目的

"信息系统分析与设计"课程系统地阐述信息系统建设的理论、方法与技术,主要包括信息系统的概念、结构和类型,系统建设的基本思路和方法,系统规划与业务流程改革,系统开发的结构化方法与面向对象方法,基于 Web 的信息系统开发以及信息系统管理的基本知识。

本课程分为理论课和实践课两部分。

3. 教学要点

(1) 信息系统建设导论

了解:信息系统发展的四个阶段、信息系统的作用与组成、信息系统的功能结构、信息系统的类型。

理解：信息系统的生命周期、信息系统的空间分布结构。

掌握：结构化方法、系统建设方法的发展概述。

（2）信息系统规划与业务流程改革

了解：系统规划的目标和工作内容。

理解：信息系统规划各阶段的工作内容。

掌握：业务流程的识别与改革、信息系统总体结构规划的方法与步骤。

（3）结构化系统分析

理解：系统分析的目标和主要活动、系统分析中的信息收集。

掌握：结构化系统分析方法和工具、系统分析阶段各项活动的内容。

（4）信息系统设计与实施

了解：信息系统设计概述、系统总体布局。

理解：计算机与网络系统方案的选择。

掌握：软件系统的总体结构设计、数据存储的总体结构设计、系统详细设计、系统实施。

（5）面向对象方法

了解：面向对象的基本概念、经典的面向对象方法。

理解：面向对象的分布式技术、统一建模语言 UML 概述、UML 在系统开发中的应用。

掌握：UML 建模技术。

（6）基于 Web 的信息系统开发

了解：基于 Web 的信息系统开发概述、基于 Web 的信息系统软件运行环境、基于 Web 的信息系统安全、基于 Web 的信息系统的发展。

理解：基于 Web 的信息系统开发技术、基于 Web 的信息系统开发工具。

（7）信息系统管理概论

了解：信息系统的运行管理、系统的可靠性和安全性概述。

理解：信息系统建设的项目管理、系统维护、系统评价。

（8）实训课（课程设计）

结合所学知识，以某现实问题为背景，进行管理信息系统的规划、分析与设计，要求撰写设计报告。

4.4.4　数据仓库与数据挖掘

1. 问题的引出

同学们都有去超市购物的经历。当你挑选完商品后，将商品放入购物车，然后推着购物车去结账。收银员用 POS 机(Point of Sales,销售点情报管理系统)的扫码器扫一下商品的条码,即录入了该商品的编号、名称和价格等信息,当收银员逐个完成所购商品扫码后,系统汇总了客户本次所购商品清单和总额。客户缴款后离开商场,但留下了一次交易记录,保留在超市的数据库中。一个大型超市每日所留下的交易记录成千上万,日积月累就形成了海量数据。

如何处理这些数据?删了吗?太可惜!但保留数据是有成本的,最好的办法是从数据中发现有价值的信息。一个超市的商品种类繁多,按照大类、中类、小类和具体品种划分,大类 100 多项,中类数百项,小类近 2000 项。例如:食品大类、酒饮中类、啤酒小类。一般客户一次购物涉及若干种小类,每人每次不同。大家设想一下,在 2000 项小类中,某两小类同时出现的概率可能是多少?首先计算在 2000 项小类商品中两两组合的数量,其公式为:

$$C_n^x = \frac{n!}{x!(n-x)!} = \frac{2000!}{2!(2000-2)!} = 1999000$$

在没有某种必然原因的情况下,某客户一次购物同时选择两项小类商品的概率只有 199 万分之一。当然客户选择商品都是有原因的,人类的生活习惯具有某种共同特点。例如:购买三文鱼则常常购买芥末油。这种规律太显而易见了,所以许多超市常常将芥末油作为购买三文鱼的赠品。

在这些海量数据中,是否还隐藏着其他一些不太显而易见,但是也有价值的规律?于是一些超市的分析人员就想到开发一些方法,大量地统计不同商品同时出现的概率,这叫"货篮分析"。20 世纪 90 年代某一天,沃尔玛的分析人员发现了一条规律:啤酒与尿布同时被购买的概率相对较高。这是否有其必然原因?这件事只经过初步调查就原因大白。在有婴儿的家庭中,一般是母亲在家中照看婴儿,年轻的父亲前去超市购买尿布。父亲在购买尿布的同时,往往会顺便为自己购买啤酒,这样就会出现啤酒与尿布这两件看上去不相关的商品经常会出现在同一个购物篮的现象。是否婴儿哭闹导致父亲烦闷,需要喝啤酒解闷?还是做父亲因自豪而喝啤酒?没必要再继续追究深入的原因了。有了这两点就已经足够了:一是啤酒与尿布常被同时购买;二是具有可解释的原因。这就使得超市可以做出具有针对性的营销策略。"货篮分析"常用数据挖掘中的关联规则方法,如图 4-12 所示。

2. 课程性质与教学目的

这门课原本是一门选修课,但在数据分析的重要性日益提高的后信息化时代,这门课的重要性日益突显,越来越多的学校把该课程作为必修课程之一。数据仓库和数据挖掘是数据分析的重要组成部分。

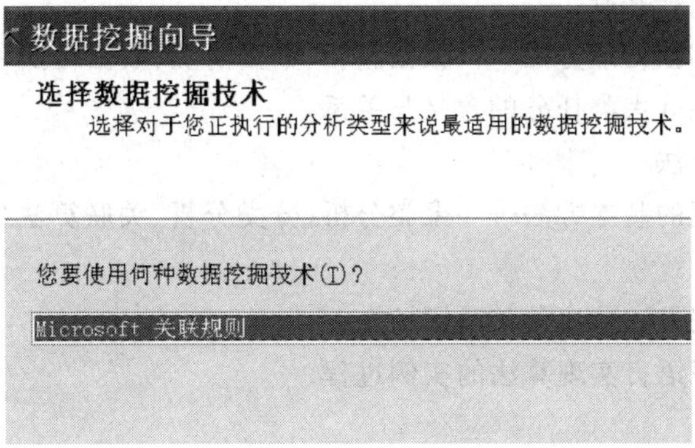

图 4-12 数据挖掘之关联规则方法界面

通过学习,能够使学生对商务智能有一个初步了解,对于商务智能概念,核心技术(包括系统架构、数据仓库、在线分析、数据挖掘等),商务智能应用(包括移动商务智能、知识管理、文本挖掘、Web 挖掘等),以及商务智能发展有一定的了解,对拓展计算机与信息安全专业的未来发展有很大帮助。

3.教学要点

(1) 商务智能概论

掌握:商务智能的基本概念。

理解:商务智能的应用价值。

了解:商务智能的发展及目前应用情况。

(2) 商务智能系统架构

掌握:业务数据预处理——提取、净化和整合。

理解:商务智能系统架构。

(3) 数据仓库

掌握:数据仓库、数据集市、元数据等基本概念和数据仓库架构。

理解:数据仓库的开发和管理过程,数据仓库的具体运作;数据集成以及数据提取、转换和加载过程。

了解:数据仓库在决策支持中扮演的角色。

(4) 在线分析处理

掌握:在线分析处理(OLAP)的基本概念、定义;区分 OLTP 与 OLAP;OLAP 操作与分类及操作语言等。

理解:掌握 OLAP 操作与分类及操作语言等。

（5）数据挖掘——基础

掌握：掌握数据预处理方法——数据整合、数据清洗、数据转换和数据简化。

理解：数据挖掘 3 大类任务的含义与关系。

（6）数据挖掘方法

掌握：数据挖掘的基本方法——聚类分析、分类分析、关联算法（Apriori 算法）、决策树算法。

理解：不同挖掘方法的比较与适用场合。

了解：使用程序语言实现算法的实例过程。

（7）文本挖掘

掌握：文本挖掘的基本概念、类型和关联算法。

理解：其他算法原理。

（8）Web 挖掘

掌握：3 种 Web 挖掘的分类。

理解：Web 挖掘原理、过程和 Web 挖掘方法。

了解：Web 挖掘的应用。

（9）大数据分析

掌握：大数据的基本特点，大数据处理模式。

理解：大数据分析的基本流程。

了解：大数据分析方法。

（10）商务智能发展

理解：商务智能的应用。

了解：商务智能未来发展。

（11）实验

实验 1：建立多维数据表

利用 SQL Server 2005 以上版本系统建立多维数据分析。以一个营销数据集为例，分别从产品、地区、客户、时间等维度建立多维数据集。

实验 2：利用 SQL Server 提供的模型进行挖掘

了解 SQL Server 中提供的挖掘模型；利用案例数据建立模型：关联规则、决策树、聚类模型、时间序列等。其中关联规则、决策树、聚类模型（包括定量变量的聚类和定性变量的聚类）要求掌握。

实验 3：操作 IBM SPSS Modeler 系统

了解 IBM SPSS Modeler 系统。

本章小结

　　本章按照专业课程的三大模块,即经济管理模块、计算机科学与技术模块和信息管理模块介绍了 12 门核心或主干课程,通过大致了解这 12 门课程,同学们就可以对今后四年所要学习的内容做到心中有数。所要强调的是,每门课程都加了一个"问题的引出"内容,其主要目的不是为了增加阅读兴趣,而是为了要求同学们逐渐树立"以解决问题"为导向的治学方式。根据作者的长期教学经验,同学们经过中学 5~6 年的学习,基本形成了"以概念为导向"的学习思维方式,这种思维方式对于初级教育也许有其必要,但是同学们往往走得过远。究其根本来说,人类进行科学研究和知识创造与积累的目的,都是为了解决所面临的生产、生活和社会管理问题,不是为了知识而创造知识。希望同学们在学习中引起注意。

思考和练习题

　　1. 管理模块的 4 门课程对于日后学习信息系统的分析与设计具有什么作用?

　　2. "管理信息系统"课程和"信息系统分析与设计"课程的主要关系和区别在哪里?

　　3. 请通过调查,说明目前的主流编程技术和各种常用编程技术是什么? 你更愿意学习哪门技术?

本章参考文献

[1]　索梅,朱东来."中国信息系统学科课程体系 2011"(CIS 2011)概览[J].信息系统学报.2011,8(01).

[2]　周三多,陈传明,鲁明泓.管理学——原理与方法[M].上海:复旦大学出版社,2009.

[3]　陈琳."管理学原理"课程教学大纲.北京联合大学管理学院,内部资料,2015.

[4]　李惠凤."经济学"课程教学大纲.北京联合大学管理学院,内部资料,2006.

[5]　郭凤英."数据库原理与应用"课程教学大纲.北京联合大学管理学院,内部资料,2015.

[6]　杜梅."计算机网络"课程教学大纲.北京联合大学管理学院,内部资料,2015.

[7]　赵森茂."信息系统分析与设计"课程教学大纲.北京联合大学管理学院,内部资料,2015.

[8]　张士玉."信息管理学"课程教学大纲.北京联合大学管理学院,内部资料,2015.

[9]　王艳娥."信息系统集成技术"课程教学大纲.北京联合大学管理学院,内部资料,2015.

[10]　黄艳.北京信访民意调查系统.北京联合大学管理学院,内部资料,2005.

[11]　于丽娟."数据结构"课程教学大纲. 北京联合大学管理学院,内部资料,2015.

[12]　李慧."数据仓库与数据挖掘"课程教学大纲.北京联合大学管理学院,内部资料,2015.

[13]　甘仞初.信息系统分析与设计[M].北京:高等教育出版社,2003.

[14]　张维迎.为什么要学习经济学?市场经济导报,2000(02).

[15]　吴文虎.程序设计基础[M].北京:清华大学出版社,2003.

[16]　殷人昆,等.数据结构(用面向对象方法与 C++ 描述).北京:清华大学出版社,2004.

[17]　高复先.信息资源规划——信息化建设基础工程[M].北京:清华大学出版社,2007.

[18]　用友公司网站.http://www.ufida.com.cn/,2009-8-17.

[19]　张士玉,董焱,等.应用信息资源管理[M].北京:清华大学出版社,2016.

第5章

信息化建设

裁缝店老板与服装公司总经理

王小二与李小三是从小要好的朋友,后来二人都从事服装业,但不同的是,王小二凭着高超的服装设计和制作手艺,开了一家个体服装店,为客户量体裁衣。李小三进入一家股份制服装制造公司,凭借着出色的组织能力当上了公司总经理。今天二人见面,求贤若渴的李总希望把这个当年的发小拉入自己的企业。

李小三对王小二说:"都21世纪了,还开你的裁缝店吗?世界早就进入了工业化时代,使用机器进行大批量标准化生产,你的店每日人均服装产量多少件?能有1件吗?我的工厂每日人均生产服装100件以上,生产成本很低,所以工业化生产必将取代像你们这样的小作坊,你还是到我们这里来吧。"

王小二反驳道:"这你就不懂了,工业化生产固然效率高、成本低,但是其产品缺少个性,千篇一律,所以价格也很低,还没人愿意要。在2008年的金融危机中,你们的产品是不是出口困难,积压严重?而我们在金融危机中则不受影响,订单早已排满,产品价格一涨再涨。越是现代化社会,人们越是追求个性化、定制化的服务,你还是跟着我干吧,省得整天为市场问题头疼。"

(注:本文故事情节、企业和人物为虚构,如有相同则为巧合。)

请同学们思考或讨论如下问题:

(1)工业化生产可不可以与个性化定制融合,既大批量生产,又个性化定制?

(2)通过什么途径可望解决大批量定制化生产?

(3)是否可以设想,在今后的服装企业生产流水线上,每一件服装都是为客户定制的?

5.1 信息化管理

　　一个组织机构的信息化管理工作是对信息资源(包括:信息设备和信息技术、信息内容和相应人员),以及信息活动(包括:信息收集、存储、传递、加工和使用)进行的管理活动,即对信息资源和信息活动的计划、组织、领导和控制,包括的主要部分有:制定信息化战略规划、信息化管理制度建设、建立信息化评价指标体系和标准规范、信息化组织机构设置和调整、全员信息化培训等工作。

　　信息化管理的目的是使整个组织的信息化工作有序进行,成为提高组织工作效率、支持组织目标实现的有利工具。

5.1.1 制定信息化战略规划

1. 信息化战略规划的含义

　　信息化战略规划是对组织信息资源和信息活动所面临的内外部情况进行分析,从而确定信息战略的过程。信息战略规划从战略高度研究组织信息资源的发展和管理问题,是为实现组织目标,提高竞争优势,而对其业务与管理活动中的信息要素(包括信息生产者、信息和信息技术等)及其功能所作的总体谋划。

　　信息化战略规划的目的是制定组织的信息资源管理总目标,全面、系统地指导组织信息化进程,充分有效利用信息资源,使信息管理全面满足组织业务发展需要,合理规避信息技术的投资风险。

　　信息化战略规划面对的是未来3～5年的长期规划,着眼信息化建设的全局问题和总体框架,按照问题的轻或重、缓或急、关键与非关键来设立建设项目和投入资源。

2. 信息化战略规划的主要步骤

　　组织机构的信息化战略规划的主要步骤包括:基础信息调研、能力和现状分析、信息化战略目标设计和战略制定。

　　(1)基础信息调研

　　基础信息包括组织内部和外部与组织生存发展和信息化有关的各类信息,在明确组织总体战略对信息化要求的前提下,分析内外环境和条件,目的是明确本组织信息化的需求、条件和制约因素。

　　(2)能力和现状分析

　　分析组织信息化的基本现状、存在问题、行业和竞争对手情况,具体到各项业务对信息化的需求,本组织所面临的具体机会和威胁,所具有的优势和劣势条件等。

（3）信息化战略目标设计和战略制定

通过分析组织的外部环境、发展战略及竞争能力,确定信息化战略的远景目标、价值、规模、步骤并由此制订信息化规划,使信息化能够有效支持组织日常工作、管理控制和管理决策。

3. 信息化战略规划报告

信息化战略规划的成果是信息化战略规划报告,一般包括以下内容。

（1）环境分析

环境分析是信息化战略规划的依据。首先要明确本组织的发展目标、发展战略和发展需求,明确本组织各个业务流程和部门的目标及对信息化的需求,然后从外部环境和内部条件分析组织所处环境,外部环境包括行业发展情况和信息技术发展情况,内部条件包括组织内部资源条件、管理方法和信息化现状等。

（2）制定战略

在环境分析基础上,制定信息化的总目标、使命、具体的目标体系和完成期限。

（3）设计信息化总体架构

信息化总体架构表达了本组织信息化的各个组成部分、各部分所处层次及其相互关系,表达方式可以多种多样,图 5-1 是国家职业资格之"企业信息管理师"培训教程中提出的企业信息化总体架构示意图,当然具体情况远比该图复杂。

企业信息化方针和战略	
企业信息化总体架构	
组织架构	信息技术应用架构
	数据资源架构
开发架构	技术架构
操作架构	

图 5-1　信息化总体架构

5.1.2　信息化管理制度建设

管理制度是以文件的形式对组织中业务活动制定的各种条例、规则、程序和办法的总称,是组织中全体成员共同遵守的行动规范和准则。信息化建设是一个涉及各方面的庞大系统工程,必须有制度进行规范,方可使之有效、有序开展。

信息化管理制度是围绕组织机构信息化的规划、设计、实施、运行、维护、完善等过程而设计的一套管理规范,是本组织进行信息化的行为准则。

1. 制定制度

制定信息化管理制度包括如下方面。

（1）组织管理制度,如领导机构、执行机构、部门及岗位设置、职责分工等。

（2）日常管理制度,包括相关业务需求管理、数据管理、信息系统运行与维护管理、信息系统安全管理等。

(3) 资金管理制度,包括信息化的成本预算、成本分析、成本控制等。

(4) 计算机软硬件管理制度,包括计算机硬件、计算机网络、计算机软件、数据库等管理制度。

(5) 信息化项目管理制度,包括项目的规划、申请、审批和执行等方面的制度。

2. 执行制度

制度在执行过程中,要对其执行情况进行检查、分析和监督,既要保证制度的顺利执行,又要对出现的问题进行分析,对不够合理的制度进行调整。

为了保证制度的有效执行,一般在制度中包含对制度本身执行情况的有关规定,设定制度执行的考核标准和奖惩措施。制度执行一般需要做三方面工作:

(1) 利用调查和日常记录方式了解制度执行情况。

(2) 对制度执行情况进行评价,对有关部门和人员进行奖惩。

(3) 对不够合理的制度提出改进意见。

5.1.3　信息化评价指标体系和标准规范

1. 建立信息化评价指标体系

信息化工作是不断应用信息技术,深入开发和利用信息资源的过程,包括计划、实施、评估和改进四大环节。

对信息化建设进行评估,是从组织机构引进信息化的目的和战略出发,考察信息技术应用给本单位管理带来的影响。通过对组织机构信息化工作进行评价,发现在信息化实施过程中的问题,找出差距,总结经验教训,重新调整信息化方案。一般从以下六个方面进行信息化的评价。

(1) 信息技术应用的广度和深度。

(2) 信息资源开发利用的广度和深度。

(3) 信息安全评价。

(4) 信息化人才开发评价。

(5) 信息化的组织和控制评价。

(6) 信息化的效益评价。

对上述六个方面需要建立完整的指标体系进行衡量。信息化评价既是一项内容丰富的工作,同时也形成了信息系统领域的一个分支研究领域。

2. 制定信息化标准规范

标准是对重复性事物和概念所做的统一规定,它以科学、技术和实践经验的综合成果为基础,经有关方面协商一致,由主管机构批准,以特定形式发布,作为共同遵守的准则和依据。

信息化标准是根据信息化建设过程中的一般规律、基础要求、共性化需要而设计和制定。它是信息化建设、信息技术应用的重要基础,是保障信息化成功的重要准则。

信息化标准按照层次来分,分为国际标准、国家标准、行业标准和本单位标准;按照类别划分,分为技术标准规范、工作标准规范、管理标准规范、组织标准规范等。

5.1.4　信息化组织与培训

信息化工作是一项涉及范围广泛、占用资源庞大的系统工程,必须设立专门的部门负责该项工作,并且对组织机构的全体人员进行信息化培训。

信息管理部门要设立相应的岗位,并规定各个岗位的职责和权利。信息化管理部门大致经历了这样的发展过程:计算机操作岗位(附属于其他部门)、计算中心、网络中心、信息中心、现代信息组织管理体制。

1. 现代信息组织管理体制

现代信息组织管理体制是以 CIO(Chief Information Officer,首席信息官)为核心,以信息技术部门为支撑,以业务应用部门信息化的实施、运行为主体,专兼职相结合的信息化管理体系。该体系包括:

(1) CIO。CIO 处于组织的战略决策层,参与组织的整体战略制定,具体负责本单位信息化的规划、实施,全面协调各部门的信息化建设。

(2) 信息化管理领导小组。有时也称作委员会,是领导一个单位信息化建设的最高机构,也是一个临时机构,一般由高层领导和部门领导共同组成,有时也包括外聘专家。该机构负责整个组织的信息化战略规划,论证信息化的重大技术方案、管理和业务流程的改革,批准信息化方案、项目立项、组织机构设立、规章制度和标准规范等。

(3) 信息技术支持中心。该部门作为信息化建设的主要力量,负责信息化基础设施建立与维护;信息资源收集、存储、传递和加工,为管理决策层提供所需数据;信息系统的建设和维护;信息化培训等工作。

(4) 业务部门或基层部门的信息化管理岗位。各个业务部门或基层部门设立的专职或兼职的信息管理岗位,负责数据管理和系统维护等工作。

2. 全员信息化培训

现代组织机构的信息化建设不仅是 IT 人员的事,而且涉及每一名职工及各个管理与业务领域,所以需要全员参与、全员配合及全员培训。工作岗位培训不同于学校教育,要具有很强的针对性。就培训的层次来说,大体分为三个层次:决策层、管理控制层和执行人员层。不同层次的人员需求不同,培训目的和内容也不同。

对决策层的培训,目的在于使之理解本单位信息化的目的、意义以及信息系统各个子系统和模块对于组织管理的作用,使领导们可以从中找到所需的决策数据。

对管理控制层的培训,目的在于使之熟悉本单位的信息化环境,能够利用相应的信息系统控制工作步骤、分析工作绩效等。

对执行人员层的信息化培训,目的在于使之学会操作具体的应用软件功能。

5.1.5 信息资源规划

信息资源规划是对组织机构各项活动所需要的信息,从采集、处理、传输到利用的全面规划,是信息化建设的基础工程。信息资源规划有三方面工作。

1. 需求分析

对本组织的业务功能和数据流进行分析和规范表达,包括:业务分析和数据分析。

(1)业务分析。对组织的业务范围、业务流程和管理活动进行分析,并通过模型进行规范表达,建立起对组织活动的全面、概括认识。

(2)数据分析。从各个业务领域所用的报表、单证等数据入手,分析各个业务领域的数据输入和输出,以数据流程图的方式表达。

2. 系统建模

建立本组织管理信息系统的逻辑模型,包括三个部分:

(1)系统功能模型。系统功能模型说明了系统要做什么,具备什么功能,用三层结构表达:子系统—功能模块—程序模块。

(2)系统数据模型。系统数据模型是对信息系统所要处理的数据建立模型,也是指导数据库建设的逻辑模型,包括两个层次:全域数据模型和子系统数据模型。

(3)系统体系结构模型。系统体系结构模型是系统功能模型和系统数据模型的结合,说明了系统功能模型中的子系统和模块对于数据的存取关系。

3. 建立信息资源管理基础标准

对于组织的最基础信息要素建立统一标准,为开发集成化的信息系统打下良好基础。信息资源基础标准包括五套基础标准,例如:同学们的学号就是依据标准编排的,有关内容在日后的相关课程中详细学习。

5.2　信息系统开发

在第 1 章中讲过,信息管理的核心任务就是建立、维护并运行一套高效的信息系统。信息系统是实现信息化的基本方法和手段。

信息系统以现代信息技术为手段,通过信息机构和信息工作者为组织进行信息资源管理,包括信息的收集、存储、加工、传递和使用。目的是通过对信息资源的开发利用,提高组织效率,达到组织目标。

5.2.1　信息系统总体规划

依据信息化战略规划确定信息系统的总目标,制定信息系统总体方案框架,作为在开发过程中的基本方向和逐步深入细化的基础。

1. 初步调查

信息系统是在当前管理系统基础之上的提高和扩展,因此,作为总体规划的第一步,必须对当前管理系统进行调查,分为初步调查和详细调查,在总体规划阶段初步调查,在系统分析阶段进入详细调查。

初步调查目的是从总体上了解组织机构情况、基本功能、信息需求和基础条件。作为调查结果,要写出初步调查报告。

2. 确定信息系统建设的总体目标

在初步调查的基础上,通过对现行系统的分析,提出现行系统存在的问题和薄弱环节,从总体上明确用户要求,最终提出新系统的建设目标。

新系统的建设目标要解决这样几个问题:

(1) 新系统解决了什么管理问题? 例如:解决生产与库存的平衡问题,销售、采购和库存的集成管理问题,开展电子商务的一系列问题等。

(2) 新系统所要到达的管理目标是什么? 例如:降低库存 30%,节约生产成本 10%,将对订单的完成周期由 3 周缩短为 1 周等。

(3) 新系统的基本功能是什么? 例如:安排生产计划、根据计划提出物料清单、根据物料清单和库存产品数量制订采购计划等。

(4) 为了完成功能,新系统由哪些大的部分组成? 即子系统和主要模块,例如:主生产计划子系统、库存管理子系统、采购子系统等。

(5) 子系统之间和子系统与数据之间具有什么关系? 例如:主生产计划子系统获取库存数据,经过计算传递给采购子系统,采购子系统生成采购清单。这些关系就是系统总体结构，在应用中具有专用的表示方法。

3. 制定信息系统的总体方案及可行性分析

系统总体方案包括系统的综合平台（总体架构）、综合平台的构造工具、开发团队的组织方式、基本开发方法等。

可行性分析就是分析系统开发条件是否具备，包括：技术上的可行性、经济上的可行性、管理上的可行性和开发环境的可行性。

5.2.2　业务流程改革和系统开发管理

1. 业务流程改革

信息化不是简单的计算机化，即只是以计算机代替原来的手工劳动，而是以新的管理系统代替旧的管理系统。管理系统作为一个整体，包括计算机信息系统、管理流程、管理制度等，所以由旧的管理系统变为新的管理系统，必然带来业务流程或管理流程的变革。流程就是由一系列基本活动组成的过程，在企业，一般叫业务流程；在政府或事业单位，一般叫管理流程。例如："大学招生"就是一个管理流程，其基本组成如图 5-2 所示。

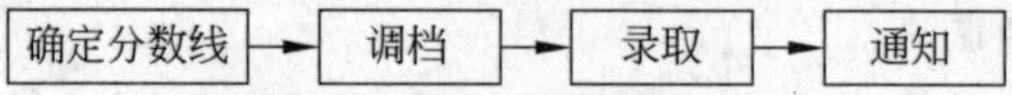

确定分数线 → 调档 → 录取 → 通知

图 5-2　流程举例示意图

在开发系统之前，首先要调查清楚现在的业务流程，用流程图的形式表达出来，然后结合新系统的功能和目标，确定流程的改革方式，包括流程优化和流程再造。

流程优化是指在原有流程基础上进行某些局部改革，包括：对某些活动的删除、合并、改变和增加。流程再造是指重新设计新的流程。在流程改革的基础之上，确立采用新系统之后的流程。

2. 系统开发管理

信息系统的开发本身是一个复杂的过程，需要对其进行组织管理，包括如下环节：

（1）建立项目开发组织

信息系统的开发是在用户和各类人员的共同努力下完成的，所以必须组成项目开发组来负责项目开发的整个过程。项目组有专职人员和兼职人员，由项目组长或项目经理总负责，其他人员包括：用户、质量经理、配置管理员、系统分析员、硬件网络设计员、数据库管理员、系统设计员、程序员和系统测试员等。

（2）制订信息系统总体开发计划

制订信息系统总体开发计划，包括项目分解，如：计算机网络工程项目、数据库开发项目、各个子系统开发项目等；针对不同的项目选择开发策略，包括：自主开发、联合开发、委托开发、购买软件等；制订各个方面的计划安排，如：进度计划、投资计划、采购计划等。

（3）进行系统开发项目管理

当用户需求明确后，信息系统开发作为一个项目就开始了，项目具有明确的目标、时间要求和质量要求，为了完成项目需要一定人力、物力等资源，但是资源是有限的，所以需要用项目管理的方法进行管理，以便完成项目，并实现节约资源的目标。项目管理是管理科学的一个分支，也是同学们将要学习的一门课程，项目经理是社会上的一种职业。

项目管理的主要内容包括：任务划分、计划安排、经费管理、审计控制、风险管理和质量保证等内容。项目管理可以针对系统总体，也可以针对系统总体中的某个子项目。

5.2.3　系统开发过程

1. 系统分析

系统分析阶段的主要任务是开发人员同用户一起，通过对当前系统的详细调查和分析，充分理解新系统目标，即用户需求，并将它明确地表达成书面资料。

系统分析的结果产生新系统的逻辑模型，它通过图和文字说明描述了新系统要"做什么"，而"如何做"的问题暂时不考虑。

2. 系统设计

系统设计的任务就是解决"如何做"的问题，将系统逻辑模型转化为系统物理模型，即计算机实现方案。

系统设计阶段一般包括总体设计和详细设计两个步骤。总体设计的任务要划分出子系统、子系统中的模块，并画出模块结构图，详细设计则要确定每个模块内部的详细执行过程。

3. 系统实施

当解决了新系统"做什么"和"如何做"的问题之后，下一步就是实际去做，即进入系统实施阶段。系统设计报告提供了实现系统功能的方法、技术和方案，系统实施则是对系统设计成果的计算机化过程，包括：程序设计、系统测试和系统转换等阶段。

（1）程序设计。程序设计阶段包括数据库的实现和应用程序的编制两方面。

数据库实现是根据系统设计中的数据库设计，选择数据库管理系统，例如：SQL Server，Oracle 等，建立数据库、表和字段。图 5-3 为用 SQL Server 建立的数据库表关系。

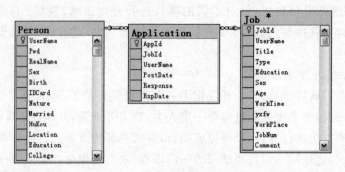

图 5-3   数据库实现举例

应用程序的编制是选择程序语言和开发工具,通过编写程序实现系统模块的功能,一般常用语言有:Visual Basic,Delphi,C++,C♯和 Java 等,图 5-4 为一段用"记事本"编写的 C♯程序,经过适当配置后可以从 IE 浏览器中看到程序中的中文。

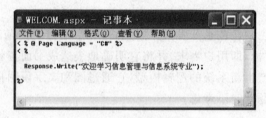

图 5-4   一小段程序示意图

(2) 系统测试

系统测试的任务是从所开发的程序中寻找错误,以保证程序能够正常运行。系统测试按照"自底向上"的原则一次性进行模块测试、子系统测试和系统总测试。

(3) 系统转换

测试成功的系统即可交付用户使用。用新系统代替旧系统有一个系统转换的过程,这个过程的主要工作有:进行用户的操作培训、选择转换方式、完成新旧系统间的数据转换等。

4. 系统评价

当新系统运行一段时间后,要对其进行鉴定和评价。在当初系统规划时提出了一系列系统功能和目标,为了确定系统是否达到了预期目标和要求,要对其运行的实际效果进行评价,评价的内容包括:系统功能评价、系统性能评价和系统效果评价等。

5.3 信息网络构建

构建信息网络是信息化建设的基础工程,现代信息管理中的一切信息活动,包括信息的收集、存储传递、加工使用,都是基于信息网络进行的。信息网络由可以独立运行的计算机、连接设备、交换设备、软件和协议等部分组成,其基本功能有两个:通信和资源共享。

5.3.1 网络需求调查与分析

信息网络构建的第一步是网络需求的调查与分析,只有在明确用户需求的前提下,才可以对网络进行规划和施工。

1. 网络需求调查

进行网络需求调查的目的是了解清楚用户的现状和建网或网络升级的真正目的。网络需求调查包括现状调查和地理布局调查两部分。

(1)现状调查。用户也许是新建网络,也许是对现有网络进行升级。如果是对现有网络进行升级,就要清楚现有网络的各项性能、网络用途和存在问题。不论是新建还是升级,都要调查用户未来的网络用途,包括:基本网络服务、应用领域和所用的系统、数据量大小、对网速的要求和安全性要求等。

(2)地理布局调查。对用户单位的地理环境、楼群房间分布、部门岗位所在位置和用户分层情况与数量进行调查,为确定网络规模、网络拓扑结构、综合布线系统设计和网络施工提供依据。

2. 网络需求分析

由于用户的表达内容比较分散、表达方式非专业化,所以需要对调查资料进行分类汇总,从网络构建的专业角度进行分析,将用户需求转化为对网络技术的需求,归纳出对网络设计影响较大的因素。网络需求分析包括网络概要需求分析和网络详细需求分析两部分。

(1)网络概要需求分析。包括网络公共服务需求分析,例如:Web 服务、E-mail 服务等;数据库服务分析,网络专用服务分析,例如:电视会议系统、财务管理系统等;网络基础服务,包括:DNS 服务、网管平台等。

(2)网络详细需求分析。包括:投资分析、信息负载和流量分析、拓扑结构分析、网络技术选择、综合布线分析、可靠性分析和安全分析等。

5.3.2　网络规划设计

网络规划设计是对网络总体目标、业务功能、技术规范、性能要求等方面进行规划设计。

1. 网络总体目标设计

网络总体目标设计应明确网络的基本功能、所采用技术和网络标准、网络规模、总工期、总费用和分期工程目标、进度及费用等。网络的基本功能就是通信与资源共享，所以要进行通信子网规划设计和资源子网规划设计。

2. 通信子网规划设计

通信子网规划设计的主要任务就是确定网络拓扑结构、网络设备和终端的布局等。图 5-5 为 3 层树状结构示意。

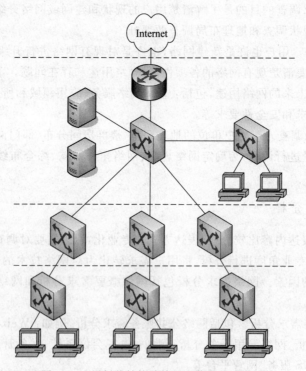

图 5-5　3 层树状结构计算机通信网络示意图

3. 资源子网规划设计

在计算机网络中,提供各项网络服务和应用服务的计算机和其软件组成服务器系统,一般简称服务器(server),应用中视场合不同,有时指的是计算机硬件,有时指的是软件。资源子网由服务器构成,资源子网规划设计就是对服务器数量、功能和安装位置的计划。服务器按其服务性质分为两类,一类是提供公共服务的服务器,例如:邮件服务、域名服务、公共数据库服务、Web 服务等,这些服务器放在网络中心,集中统一管理。另一类是为各个业务领域提供应用服务的服务器,例如:财务服务器、大学的图书管理服务器、政府的公文审批流程服务器、企业的客户管理系统服务器等,可以集中管理,也可以由相关部门管理。

4. 网络技术选择

一般单位所组建的网络为本地局域网,并将本地局域网接入广域网,互联网(Internet)是最常用的广域网。

(1)局域网技术

局域网(Local Area Network,LAN)是指覆盖范围 1 千米内的计算机网络,一个单位的信息化建设工作,首先就是进行局域网建设,这也是本专业需要掌握的重要技术之一。局域网技术选择包括选择局域网结构、技术标准、网络连接设备等。

(2)广域网接入技术

局域网接入广域网的技术包括许多种,例如:数字数据网(DDN)、非对称用户专线(ADSL)和帧中继(FR)技术等。不同方法的速率和成本不同。

5.3.3 网络管理

计算机网络在日常运行中需要进行管理,包括:配置管理、性能管理、故障管理、安全管理和计费管理等,网络管理员是信息技术部门中的重要岗位之一。

1. 配置管理

配置管理的主要任务是通过对管理对象参数的设置和改变来控制管理对象,网络管理对象包括各种网络设备、设备的参数、使用者的账户和密码、不同用户的权限等。

2. 性能管理

网络的速率、响应时间等指标都属于网络的性能,性能管理就是收集、监测、分析这些性能指标数据的变化,看看是否符合正常范围。

3. 故障管理

故障管理是对故障的检测、诊断、恢复或排除等,以保证网络正常运行。

4. 安全管理

安全管理是为了保证网络被非法入侵而进行的管理,包括对信息的访问加密、防病毒、检测并防止非法访问等。

5.4 信息系统运作与维护

5.4.1 信息系统运作

当完成新旧系统转换后,新系统就要投入使用,将信息系统作为一种管理工具,对其进行操作,以完成日常业务工作,称为信息系统的运作。为了保证系统正常运作,离不开对其进行日常维护。

1. 制定操作规程

任何系统都有其正确的操作方法,将正确的操作方法、步骤和注意事项用文件规定出来,即操作规程。在系统完成测试后,开发小组要制定操作规程,在实际中常以手册的形式印发,包括:系统手册、用户手册和管理员手册。

2. 信息系统运行效果分析

由于管理的改善是无止境的,所以对系统的效果评估和分析并不等于系统完成鉴定。在系统整个运行阶段,应该不断地进行相关制度的建立和完善,并进行周期性的运行评估,使管理流程和业务流程与信息系统之间结合更紧密,不断提高管理水平。

对系统运行的效果分析包括:直接经济效益分析、间接效益分析、工作效率分析、对决策的支持分析、对管理控制作用的分析等。

3. 信息系统操作和应用

就信息系统对数据的操作功能而言,包括:收集数据、删除数据、添加数据、修改数据、查询数据、存储数据、传递数据、汇总计算、打印报表等操作。这些操作用于不同的业务活动和不同的业务数据,形成了各种不同的应用系统,包括:财务管理系统、人力资源系统、客户管理系统、办公系统、大学的教务管理系统等。不同的部门和岗位使用不同的信息系统,在数据操作上具有不同权限,包括:管理员权限、可更改权限、只读权限和无任何权限等。

所以对信息系统的操作应用来说,涉及三个维度:对数据的操作、业务活动和岗位权限。由于业务流程、业务活动和岗位人员经常变动,导致对信息系统的运作方式也经常变动,这就要求信息管理人员不仅熟悉对数据本身的操作和权利的授予,还要了解本单位的管理活动和业务活动,以配合管理人员使信息系统发挥作用。

5.4.2 信息系统维护

信息系统维护包括硬件设备维护、计算机软件维护和数据维护三部分内容。

1. 硬件设备维护

硬件设备维护是指对计算机、交换机、路由器、电源等设备以及线路和接口的日常维护,包括对工作环境的保持,例如:温度、湿度、清洁度等;定期维护保养和突发性故障维修。

2. 计算机软件维护

对计算机软件的维护包括操作系统的维护和对应用系统软件的维护,主要工作是对应用系统软件的维护,对应用系统软件的维护包括四种情况的维护:改正性维护、适应性维护、完善性维护和预防性维护。

3. 数据维护

在信息系统中,所有数据资源都是存储在数据库系统中,对数据的维护主要是围绕对数据库的操作展开的,包括:数据的完整性维护、数据的安全性维护、对数据库操作的审计跟踪、数据的备份与恢复等。

5.5 信息资源开发与利用

在第 1 章中述及,提高信息资源的利用和管理水平是信息化的核心任务,是信息化建设的出发点和归宿,是信息化建设效益的根本标准。

信息资源开发:将潜在的信息资源变成现实的信息资源。

信息资源利用:使现实的信息资源发挥作用、产生效益。

对信息资源的开发利用包括:信息应用需求调查、信息采集管理、信息综合分析等内容。

5.5.1　信息应用需求调研

所谓信息需求,是人们在从事各种社会活动过程中,为解决问题所产生的对信息的需求。提供信息服务实际就是从信息资源开发利用的角度帮助信息用户解决他们各自的问题,这也就是信息管理部门的价值前提。只有当信息资源与组织机构的需求相适应时,才能充分发挥信息资源的效用,也只有当信息化工作能够帮助组织解决一系列问题时,才有其存在价值。

一个组织机构的根本目的就是生存与发展,在生存与发展的道路上需要解决一系列问题,包括管理的效率问题、竞争优势问题和决策的科学性问题,所以信息需求一般来源于内部管理需求、外部竞争需求和决策需求。不同类型的组织在这三个方面又分若干职能和层次。所以,信息管理工作必须经过信息应用调研来了解本组织的信息需求,特别是关键信息需求。

1. 管理信息需求

每个组织具有自己的使命与目标,制定这些目标属于决策问题,狭义管理的任务是通过计划、组织、领导和控制实现这些目标。研究管理信息的需求,要明确各个管理领域、职能部门和岗位的目标和"如何实现目标"。要充分了解用户"做什么"及"如何做",然后据此分析他们的信息需求。不同组织有不同管理领域,例如:企业的生产管理、营销管理、技术管理等,学校的教务管理、学生管理等,各个组织都具有共同的管理领域,例如:财务管理、人力资源管理和固定资产管理等。每个领域又分为不同层次,例如:操作层、管理控制层和决策层。不同领域和不同层次具有各自的信息需求特点。

2. 竞争信息需求

广义的信息管理系统早在几千年之前就已经建立,目的就是出于竞争的需要,例如战国时期的秦国丞相商鞅建立的报数系统,要求从基层向中央政府报送关于国家状况的 13个重要数据,例如:人口数量、粮食产量等。当时秦国的这个报数系统,可以看作我国最早的国家统计局,为秦国的强大发挥了重要作用。

当今社会,不论是企业、学校、医院还是政府,都致力于建立和强化竞争优势,所以对相关信息的需求非常强烈,并且极为重视,因为正确及时的信息,特别是基于数据挖掘的信息分析,常常能够对竞争力起到关键作用。

出于竞争的需要,要将本组织的信息与竞争对手的信息进行对比分析,研究优势与劣势;要结合自身情况分析外部环境信息,以帮助决策者寻找机会、避免威胁。

3. 决策的需要

决策的核心任务就是选择未来的方向、目标和资源重点投入领域,在多个可供选择方案中选择一个。同学们高考之后都进行了一个重大决策,就是选择学校和专业。决策按照层次分为基层日常决策、中层管理决策和高层战略决策,按照决策的性质分为结构化决策、半结构化决策和非结构化决策,不论什么决策,其第一步就是收集信息和分析信息。

通过信息需求调查研究,明确了本组织的各个领域、层次、部门和岗位对于信息的需求,这些信息按照时间划分,分为过去信息、在线即时信息和未来预测信息。按照信息来源划分,分为组织内部信息和组织外部信息。

5.5.2　信息采集管理

1. 信息采集内容规划

明确了本组织信息需求之后,就要依据信息需求进行信息采集工作。

信息采集是对组织日常业务活动、管理控制和战略决策等方面有用的信息进行选择、提取和收集的过程。这个过程是连续的、依靠制度保证的、专职人员与兼职人员共同完成的信息活动。信息采集活动包括以下环节。

（1）识别采集内容

依据组织的信息需求和具体指标计算的需求,确定信息采集点、具体采集的数据和采集的人员。关键是了解不同类型用户所需求的关键信息资源,不同的类型用户,所需要的关键信息资源也不同。

（2）对信息内容进行分类

一个组织所需要的信息十分庞杂,需要从不同的角度进行分类,例如:不同的信息内容、不同的加工层次、不同的存储方法等。对信息的分类涉及一门课程,叫"信息组织",良好的分类便于用户对信息的使用和查询。

（3）设计信息采集内容体系

信息采集的内容体系是多种角度的,可以按照业务领域,例如:人力资源信息、客户信息、资产信息;可以按照信息内容本身,例如:宏观经济信息、市场信息、技术信息、生产信息等;也可按照加工层次,例如:原始数据、统计数据、综合信息等。

（4）对信息采集工作的评价

信息采集工作本身做的是否良好,也有其评价标准,包括:采全率、采准率、及时率、费用成本等。

2. 信息源分析

对信息源分析即对信息来源的分析,可分为两大类:内部信息和外部信息。而内部信息又分为许多不同的信息产生地,外部信息来源就更复杂。之所以要进行信息源分析,是由于信息源分布广泛、数量庞大,而且信息的发生、加工和使用的时间、空间具有不一致性。信息源分析主要分为两方面内容。

(1)信息源分布特点分析。信息源的分布是一种自然现象,其最大特点就是不平衡性,包括信息数量分布的不平衡、信息产生和使用的不平衡等。

(2)信息价值分析。分析信息对组织是否有用,是否具有价值,其采集成本如何等。

3. 信息采集与传输系统设计

当确定了信息采集内容和来源后,就要设计信息采集与传输系统,例如:超市的 POS 系统就是一种信息采集与传输系统。

5.5.3 信息综合与分析

1. 信息综合

信息综合是指对所收集到的数据和信息进行加工处理,一般包括:筛选、排序和综合处理。

(1)筛选。根据所要解决的问题、所要计算指标的意义对数据和信息进行过滤和选择等。

(2)排序。对所收集到的数据和信息进行分类整理,按照不同角度进行有序化。

(3)综合处理。是指对所采集的信息进行分析整理、重新组合、计算等处理,形成目的性更强、价值更高的信息。例如,表 5-1 将某企业营业人员性别和客户满意度进行组合,并且计算合计和百分比的一种综合处理方法。

表 5-1 对营业员性别和客户满意度的数据综合统计

性　别		客户满意度			合计
		满意	一般	不满意	
男	人数	40	30	40	110
	男性比率/%	36.4	27.3	36.3	100
	满意度比率/%	57.1	50.0	57.1	54.7
	本组合计比率/%	20.0	15.0	20.0	55.0

续表

性　　别		客户满意度			合计
		满意	一般	不满意	
女	人数	30	30	30	90
	女性比率/%	33.3	33.3	33.3	100
	满意度比率/%	42.9	50.0	42.9	45.0
	本组合计比率/%	15.0	15.0	15.0	45.0
合计	人数	70	60	70	200
	性别比率/%	35.0	30.0	35.0	100
	满意度比率/%	100	100	100	100
	本组合计比率/%	35.0	30.0	35.0	100

2. 信息分析

对原始数据或经过加工整理过的数据和信息进行定量和定性的综合分析,特别是分析各个变量之间的关系,目的是研究事物的总体状况、发展规律并进行预测。对于定量数据的分析,更多的是利用统计学方法。例如,表 5-2 为某商品价格和销售量这两个指标的原始数据。

表 5-2　某商品价格和销售量这两个指标的原始数据

平均单价(x)	0.4	0.6	0.9	1.2	2	3
销售量(y)	900	800	450	100	350	100

对这两个指标的数据进行统计学的回归分析,得到公式为:

$$y = -1547.9 + 4664.62/x$$

图 5-6 为两个变量的观测点和回归曲线,据此可以掌握该商品的销售规律,并对同类商品做出预测。

对宏观经济信息、行业发展信息、科技信息、竞争对手信息和本组织的管理信息、生产运营信息、资源变化信息等进行综合与分析,目的是系统、全面、深刻地研究事物总体特征、发展规律及趋势,为管理者提供有内涵、有深度、有价值的信

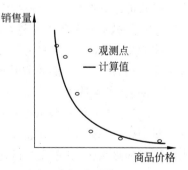

图 5-6　商品价格与销售量的关系曲线

息分析报告。

本章小结

本章讲述针对一个组织机构进行信息化建设的六大方面,即信息化管理、信息系统开发、信息网络构建、信息系统运作与维护、信息资源开发与利用。

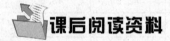

前台一张网,后台一条链
——以市场链为纽带的业务流程再造和信息化

海尔集团 CEO　张瑞敏

海尔 1995 年成立了信息中心专门负责推进企业信息化,目前已成功实现了从传统制造企业向现代信息化企业的转变。

海尔的企业全面信息化是对传统企业管理的革命,它以实施以市场链为纽带的业务流程再造为基础,以先进的信息化技术为手段,以订单信息流为中心,带动物流和资金流的运动,通过整合全球供应链资源和全球用户资源,实现零库存、零营运成本和与用户的零距离。

1. 以市场链为纽带的业务流程再造是实现企业全面信息化管理的基础

海尔组织结构的创新,经历了三个阶段:第一个阶段是直线职能式的组织结构。这种组织结构像金字塔一样,下面最基层的是员工,在往上是车间主任、科长、处长,一级一级上去一直到最高层的领导。这种结构的最大好处,是在人数比较少的情况下易于控制,强化管理和解决混乱局面,反应速度快。

海尔进入多元化战略阶段后,直线职能式的结构很难再支持它的发展。于是就过渡到了矩阵式的组织结构。这种结构有横坐标和纵坐标。横坐标是各个职能部门,如财务、供应、计划等;纵坐标是各个项目,如冰箱项目、洗衣机项目、空调项目等。它的特点是不再以职能为中心,而是以项目为中心。这样,即使有很多项目展开,也不会混乱。但是它也有很多弊病,每个部门都要服从于项目,具体负责这个项目的人却由他的职能部门考核,所以有时会发生冲突。

现在(注:2002 年),海尔过渡到市场链管理模式。这种模式已经被列入欧盟商学院的管理案例库。海尔认为,在新经济条件下,企业不能再把利润最大化当作目标,而应该以用户满意的最大化、获取用户的忠诚度为目标。

在互联网时代,用户的需求是多元化的,而且是个性化的,所以必须满足用户的个性化需求,才有可能获取利润。

　　过去企业和市场之间是两个金字塔,企业基层员工和市场终端之间有无数职能造成的鸿沟,市场信息不能完全正确和迅速地传递,用户的需求也得不到最大的满足,导致库存和不良资产增加。所以海尔不仅让整个企业面对市场,而且让企业里的每一个员工都去面对市场,实现端对端。这样,企业内部的员工相互之间不再只是同事和上下级关系,而是市场关系。员工之间实施 SST,即索赔、所酬、跳闸。如果你提供的服务好,下道工序应该给你报酬;不好的话,下道工序就有权向你索赔。

　　海尔集团根据国际化发展思路,对原来的事业部制的组织机构进行战略性调整,形成以订单信息流为中心的业务流程,把原来各事业部的财务、采购、销售业务全部分离出来,整合成商流推进本部、物流推进本部、资金推进本部,实行全集团统一营销、采购、结算,这是海尔市场链的主流程。

　　把集团原来的职能管理资源进行整合,形成创新订单支持流程 3R(R&D——研发、HR——人力资源开发、CR——客户管理)和保证订单实施完成的基础支持流程 3T(TCM——全面预算、TRM——全面设备管理、TQM——全面质量管理),3R 和 3T 支持流程是以集团的职能为主体,注册成立独立经营的服务公司。这是海尔市场链的支持流程。

　　海尔的市场链有两个非常重要的基础,就是"海尔文化"和"OEC"的管理法,如图 5-7所示。(注:OEC 即:Overall, Everyone, Everything, Everyday, Control, Clear. 日事日毕,日清日高)。

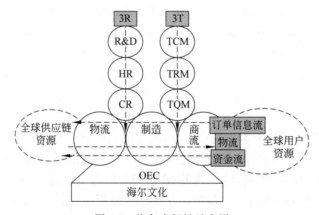

图 5-7　海尔市场链示意图

　　整合后,集团利用全球商流(商流本部、海外推进本部)平台搭建全球营销网络,从全球的用户资源中获取订单。产品本部在 3R 开发支持流程的支持下,通过新品的研发、市场研发及提高服务竞争力,不断创造用户的需求,创造新的订单。

产品事业部在 3T 基础支持流程支持下,将商流获取的订单和产品本部创造的订单执行实施,在海尔流程再造下的制造,从过去的大批量生产变为大批量定制,采用 CIMS (计算机集成制造系统)辅助,实现柔性化生产。

物流本部利用全球供应链资源搭建全球采购配送网络,实现 JIT 订单加速流,资金流搭建全面预算系统,这样形成直接面对市场的、完整的物流、商流等核心流程体系及 3R 和 3T 等支持流程体系,商流、海外推进从全球营销网络获得的订单形成订单信息流,传递到产品本部、事业部和物流部,物流部按照订单安排采购配送,产品事业部组织安排生产。

生产的产品通过物流的配送系统送到用户手中,而用户的货款也通过资金流依次传递到商流、产品本部、物流和分供方手中。这样就形成横向网络化的同步的业务流程。这种结构实现了企业内部和外部网络相连,使企业形成一个开放的而不是封闭的系统。

2. 以订单信息流为中心,带动物流、资金流

海尔集团于 2000 年 3 月 10 日投资成立海尔电子商务有限公司,在家电行业率先建立企业电子商务网站,全面开展面对供应商的 B2B 业务和针对消费个性化需求的 B2C 业务。通过电子商务采购平台和定制平台,与供应商和销售终端建立紧密的互联网关系,建立起动态企业联盟,达到双赢的目标,提高双方的市场竞争力。在海尔搭建的电子商务平台上,企业和供应商、消费者实现互动沟通,实现信息增值。

面对个人消费者,海尔可以实现全国范围内网上销售业务。消费者可以轻点鼠标,在海尔的网站上浏览、选购、支付,然后可以在家里静候海尔快捷的配送及安全服务。

在业务流程再造的基础上,海尔形成了"前台一张网,后台一条链"(海尔客户关系管理网站 haiercrm.com 和海尔的市场链)的闭环系统,构筑了企业内部供应链系统、ERP (企业资源计划)系统、物流配送系统、资金流管理结算系统及遍布全国的分销管理系统和客户服务响应(Call-Center)系统,并形成了以订单信息流为核心的各个系统之间无缝连接的系统集成。

海尔 ERP 系统和 CRM(客户关系管理)系统的目的是一致的,都是为了快速响应市场和客户的需求。前台的 CRM 网站作为与客户快速沟通的桥梁,将客户的需求快速收集、反馈,实现与客户的零距离;后台的 ERP 系统可以将客户需求快速触发到供应链系统、物流配送系统、财务结算系统、客户服务系统等流程系统,大大加快了对客户需求的响应。

哈尔滨用户宋某因房间小摆放需要,想要一台左开门冰箱,他首先想到了海尔,到海尔网站一看,果然有用户定制服务,用户可以选择冰箱的开门方式等 10 个特殊需求,他按需要下了订单后,海尔冰箱生产部门马上在定制生产线上组织生产。接收信息、组织生产、配送、交易整个过程,7 天时间就完成,获得了用户的好评。一个小小的订单牵动了企

业全身——设计、采购、制造及配送整个流程。

在海尔的信息化管理中,同步工程非常重要。比如美国海尔销售公司在网上下达了1万台的订单。订单在网上发布的同时,所有的部门都可以看到,并同时准备到位。如采购部门一看到订单就会做出采购计划,设计部门也会按订单要求把图纸设计好。

过去企业按照生产计划制造产品,进行大批量生产。海尔的 E 制造是根据订单进行的大批量定制。海尔 ERP 系统每天准时自动地生成向生产线配送物料的 BOM(注:Bill of Materials,物料清单),通过无线扫描,红外传输等现代化物流技术的支持,实现定时、定量、定点的三定配送,海尔独创的过站式物流,实现了从大批量生产到大批量定制的转化。

(本文经过教材作者删减,文中"注"为教材作者所加。)

思考和练习题

1. 带着本章[场景]资料之后所提问题阅读课后阅读资料,并尝试回答。

2. 信息化建设是一套庞大的系统工程,本章所述各个方面是否具有层次上的不同,哪些属于基础工作,哪些属于直接服务客户的应用性工作?

3. 请对照一个你所了解的组织机构,将其实际的信息化状况与本章内容比较,分析其比较符合或基本不符合、相对落后或相对先进的方面。

本章参考文献

[1] 侯炳辉,郝宏志.国家职业资格培训教程,企业信息管理师.北京:机械工业出版社,2004.

[2] 张瑞敏.前台一张网,后台一条链——以市场链为纽带的业务流程再造和信息化[J].企业管理,2002(1).

[3] 李兴国,左春荣.信息管理学[M].北京:高等教育出版社,2007.

第6章

信息管理应用

信息化对人类社会的意义到底有多大

某日,笔者的两位发小来家中聚会,其中一位曾是北京大学医学部基础医学院的博导、教授,此处就称其为陈教授吧。这类聚会,免不了天南海北地神聊一通。不知怎么说到人类的起源问题上,陈教授说,在猿没有变成人的时候,包括猿在内的许多动物都具有相当智力,那么为什么猿变成人后成为地球主宰,而许多动物,其刚出生时智力并不低,但是日后停留不前,不再发展。其中的关键,就是猿在变人的过程中实现了一个关键性突破,这个突破就是语言。进行语言交流就需要表达与理解,进而刺激大脑突飞猛进地进化,有了语言和思考,人类就学会了集体协作活动,个体人斗不过老虎,但是会使用语言交流的集体人进行合作,就可以将老虎变为美餐。出于记录语言的需要产生了文字,依靠文字,人类实现了知识的积累与传承,就此从远古走向现代、从愚昧走向开化、从野蛮走向文明。

如果说人类依靠语言和纸质文字进行的沟通、交流、知识积累与传承在时间和空间方面还受到较大限制,而依靠互联网和基于互联网的应用系统进行沟通与交流则不受时间和地点的限制,依靠数据库存储的数据和信息几乎是海量,以信息系统为工具进行数据挖掘,则帮助人类从处理海量信息中获得知识。

如果说语言这一生理突破促使猿人进化为现代人,那么信息化这一突破对人类社会的发展到底会有多大作用?

陈教授作为医学专家谈道,目前三甲医院的信息化水平已经很高,例如:过去病人就医时,检验后要等一段时间才能取走胶片或纸质结果交给医生。目前不用这样,患者检验后,各科医生都可以从电脑中查看检验结果,而且这些结果被保存在电脑中,不用患者自己保存。如果按照技术水平来说,只要在任意一家医院进行过检查,在全国的医院里,医生都可以查询患者的检验结果,但实现起来还有许多管理上的问题。再有,如果某偏远地区患者需要手术,可以通过网络要求专家进行异地指导。

徐先生是从大型国营贸易公司下海的一名商人,尽管对信息技术了解不多,但也从中获得了很大收益。他说道:"在互联网上做生意,乞丐与皇帝平等,这句话尽管夸大,但不无道理。如果没有互联网,我们这些小商人在国际贸易市场上几乎无法与大企业竞争,但是现在不同了,互联网真是好东西。"

"张兄,别尽听我们说了,你也谈谈。"他们二人要求我谈谈看法。

我就从他们开的车说起,问道:"你们希不希望以后能够自己定制汽车,在网上自己选择配置、在某种程度上选择外形、在自家电脑的调色板上为自己的汽车调配颜色,然后交由企业生产?"他们问道:"那种汽车还不卖到天价了?"我回答说,不是天价,而是工薪层买得起的价格,当然目前还只能作为企业信息化的理想。

信息化覆盖人类经济、政治、社会、文化生活的各个方面,其应用范围几乎无所不包、无处不在。下面就常见的几大范围进行简要介绍。最早大力提倡信息化的领域,不论是发达国家还是我国,都源自政府的大力提倡和引导。

6.1 电子政务

6.1.1 电子政务概述

1. 电子政务含义

电子政务(e-government)是指政府机构利用现代信息技术,将政府的管理和服务职能通过简化、优化、整合后在网络上实现运作,从而提高政府的运行效率和行政监督能力,并为社会公众提供高效、优质、廉洁的一体化管理和服务。它包括三个层次的含义:首先,作为电子政务的技术基础是信息技术、计算机网络、办公自动化技术;其次,电子政务处理的是与公共权力行使相关的公共事务;最后,电子政务要对政府现有行政管理和业务流程进行改造,以适应时代发展的需要。

电子政务的实施为推动政府职能转变,规范服务,优化政府运行机制,提高行政效率和信息资源利用,增强回应公众呼声和社会需求能力,提升政府管理水平等方面发挥着重要作用,具体包括六个方面。

(1)增强政府监管力度,维护市场经济秩序。

(2)整合决策依据,实现决策支持。

(3)实施信息发布,提供丰富信息。

(4)加强沟通互动,有力服务公众。

（5）降低行政成本，有利服务公众。

（6）发挥主导作用，带动国家信息化建设。

2. 电子政务系统

实施电子政务的手段是电子政务信息系统，即建设在互联网和其他计算机网络的基础上，充分利用现代信息技术，以实现政府政务流程和职能为目的的信息系统，包括软件系统和硬件系统。

电子政务系统的模式包括四种类型：政府对政府、政府对企业、政府对公众和政府对公务员。

（1）政府对政府，即政府部门之间的电子政务系统的信息连接，包括上下级之间、不同部门之间的连接，实现不同部门之间的信息交换、信息共享和业务协同等任务。具体系统例如：电子法规政策系统、电子公文系统、电子司法档案系统、电子财政管理系统等。

（2）政府对企业，是指政府通过网络和信息系统为企业提供服务、对企业进行监管和政府采购等，如图 6-1 和图 6-2 所示。

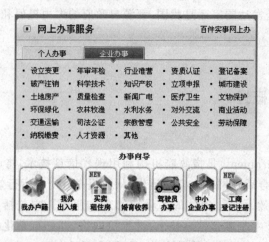

图 6-1　首都之窗的企业办事栏目

（3）政府对公众，是指政府通过网络和信息系统为社会民众提供的信息公开、信息服务和办事服务，如图 6-3、图 6-4、图 6-5 所示。

（4）政府对公务员，即政府公务员利用内部网络和信息系统进行日常办公，政府的内部网络与外部网络是不同的独立系统，图 6-6 为某政务办公系统之流程管理界面。

图 6-2　北京市政府采购网界面

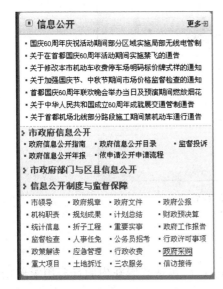

图 6-3　首都之窗的信息公开栏目

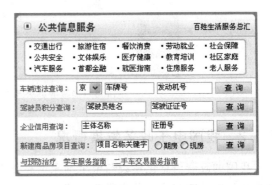

图 6-4　首都之窗的公共信息服务栏目

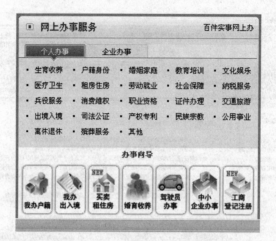

图 6-5 首都之窗的个人办事栏目

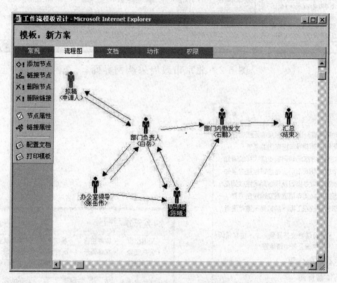

图 6-6 某政务办公系统之流程管理界面

6.1.2 我国电子政务发展概况

我国的政府信息化建设与整个国家信息化密不可分,包括我国在内的许多国家的信息化都是由政府起了示范和带头作用。

20世纪80年代初至90年代初,中央和地方党政机关所开展的办公自动化(OA)工程,建立了各种纵向和横向的内部信息办公网络。

20 世纪 90 年代,国家重点开展了几项信息化重大工程。1993 年底,我国正式启动了国民经济信息化的"三金工程",即"金桥"工程、"金关"工程和"金卡"工程。"三金工程"是我国中央政府主导的以政府信息化为特征的系统工程。

"金桥"工程又称经济信息通信网工程,它是建设国家公用经济信息通信网、实现国民经济信息化的基础设施。

"金关"工程又称为海关联网工程,其目标是推广电子数据交换(EDI)技术,以实现货物通关自动化、国际贸易无纸化。

"金卡"工程又称电子货币工程,它是借以实现金融电子化和商业流通现代化的必要手段。

在"三金工程"的带动下,政府部门随后建设了一系列信息化工程。

在进入 21 世纪后,我国政府对信息化给予了极大重视。在 2001 年 12 月,国务院提出"中国建设信息化政府要先行"的重要决策。

2002 年 11 月 8 日,在中国共产党第十六次代表大会的报告中明确提出:"深化行政管理体制改革,进一步转变政府职能,改进管理方式,推行电子政务,提高行政效率,降低行政成本,形成行为规范、运转协调、公正透明、廉洁高效的行政管理体制。"国家对政府信息化的空前重视,使我国电子政务进入高速发展阶段。

6.1.3　我国电子政务总体框架

2006 年 3 月 19 日,国家信息化领导小组印发了《国家电子政务总体框架》(国信〔2006〕2 号),作为我国电子政务的指导性框架。

1. 总体要求与目标

(1) 构建国家电子政务总体框架的总体要求是:以邓小平理论和"三个代表"重要思想为指导,全面贯彻落实科学发展观,进一步发挥电子政务对加强经济调节、市场监管的作用,更加注重对改善社会管理、公共服务的作用,坚持政府主导与社会参与相结合,坚持深化应用与提高产业技术水平相结合,坚持促进发展与保障信息安全相结合,保持政策的连续性与稳定性,统筹兼顾中央与地方需求,以提高应用水平为重点,以政务信息资源开发利用为主线,建立信息共享和业务协同机制,更好地促进行政管理体制改革,带动信息化发展,走中国特色的电子政务发展道路。

(2) 构建国家电子政务总体框架的目标是:到 2010 年,覆盖全国的统一的电子政务网络基本建成,目录体系与交换体系、信息安全基础设施初步建立,重点应用系统实现互联互通,政务信息资源公开和共享机制初步建立,法律法规体系初步形成,标准化体系基本满足业务发展需求,管理体制进一步完善,政府门户网站成为政府信息公开的重要渠道,50%以上的行政许可项目能够实现在线处理,电子政务公众认知度和公众满意度进一步提高,有效降低行政成本,提高监管能力和公共服务水平。

2. 总体框架的构成

国家电子政务总体框架的构成包括:服务与应用系统、信息资源、基础设施、法律法规与标准化体系、管理体制。推进国家电子政务建设,服务是宗旨,应用是关键,信息资源开发利用是主线,基础设施是支撑,法律法规、标准化体系、管理体制是保障。框架是一个统一的整体,在一定时期内相对稳定,具体内涵将随着经济社会发展而动态变化。

3. 服务与应用系统

服务是电子政务建设的出发点和落脚点,应用系统是保证服务的工具,也是电子政务建设的主要内容。

(1) 服务体系

电子政务服务主要包括面向公众、企事业单位和政府的各种服务。为满足政府服务公众和企事业单位的需求,在人口登记和管理、法人登记和管理、产品登记和管理、市场准入和从业资格许可、特许经营和社会活动许可、企事业单位和公民社会义务管理、企事业单位和公民权益管理、社会应急事务管理等方面实现信息共享。

为满足政府经济管理和社会管理的需要,提供市场与经济运行、农业与农村、资源与环境、行政与司法、公共安全与国家利益等方面的信息监测与分析服务。为满足各级领导科学决策的需要,提供信息汇总、信息分析等服务。为满足政府提高管理效能的需要,提供人力资源管理、财政事务管理、物资管理等信息服务。

(2) 应用系统

应用系统是电子政务建设的主要内容。到目前为止,国家已建、在建和拟建的电子政务应用系统包括办公、宏观经济、财政、税务、金融、海关、公共安全、社会保障、农业、质量监督、检验检疫、防汛指挥、国土资源、人事人才、新闻出版、环境保护、城市管理、国有资产监管、企业信用监管、药品监管等,为党委、人大、政府、政协、法院、检察院提供了电子政务技术支持。

4. 信息资源

政务信息资源是政府在履行职能过程中产生或使用的信息,为政务公开、业务协同、辅助决策、公共服务等提供信息支持。政务信息资源开发利用是推进电子政务建设的主线,是深化电子政务应用取得实效的关键。信息资源建设包括:信息采集和更新、信息公开和共享、基础信息资源三大方面,对于基础信息资源,强调按照"一数一源"的原则,避免重复采集,结合业务活动的开展,保证基础信息的准确、完整、及时更新和共享。

5. 基础设施

基础设施包括国家电子政务网络、政务信息资源目录体系与交换体系、信息安全基础设施。基础设施建设要统筹规划,避免重复投资和盲目建设,提高整体使用效益。

6. 法律法规与标准化体系

开展电子政务法研究,推动政府信息公开、政府信息共享、政府网站管理、政务网络管理、电子政务项目管理等方面法规建设。

7. 管理体制

把电子政务建设和转变政府职能与创新政府管理紧密结合起来,形成电子政务发展与深化行政管理体制改革相互促进、共同发展的机制;创新电子政务建设模式,逐步形成以政府为主、社会参与的多元化投资机制,提高电子政务建设和运行维护的专业化、社会化服务水平。

6.2　电子商务

6.2.1　电子商务概述

1. 基本内容

利用电报、电话、传真、广播电视等电子设备进行商业贸易活动,都属于广义电子商务范围。一般来说,现代电子商务(electronic commerce)是指基于互联网(Internet)和其他计算机通信网络的商务活动,包括网上购物、网上证券交易、网络营销、电子贸易、网上银行等。

通过电子商务,分布在世界各地的企业之间、企业和用户之间可以每天 24 小时不间断地进行交易,冲破了人类几千年以来面对面进行交易的传统。从应用方面来看,电子商务的功能有:广告宣传、咨询洽谈、网上订购、网上支付、货物配送、协同商务、网上市场调查、网上沟通等。

电子商务应用建立在三层基础服务和两个环境支柱之上,如图 6-7 所示,形成了电子商务一般架构。

按照开展电子商务活动的主体不同,电子商务分为:企业之间的电子商务(B to B),企业对消费者的电子商务(B to C),消费者对消费者的电子商务(C to C)和企业对政府的电子商务(B to G)等。

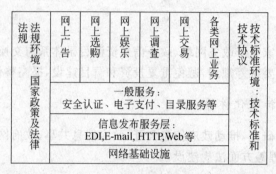

图 6-7　电子商务一般架构

2. 发展历程

自从 19 世纪电报和电话出现以后,人们就开始利用这一电子通信手段进行贸易活动,现代电子商务是指基于计算机网络的贸易活动。在 20 世纪 80 年代以后,基于增值网和计算机专网的 EDI(Electronic Data Interchange,EDI)技术,即电子数据交换,广泛用于国际贸易。EDI 是将业务文件按一个公认的标准从一台计算机传输到另一台计算机的电子传输方法。由于 EDI 在商务活动中大大减少了纸张票据的使用,通常也被称为"无纸贸易"或"无纸交易"。20 世纪 90 年代以后,基于互联网的电子商务迅猛发展。1991 年美国政府宣布 Internet 向社会开放,允许在网上开发商业应用系统。1993 年万维网(World Wide Web,WWW)诞生,使 Internet 具备了处理多媒体信息的能力。人们利用万维网发布和传递各类信息,包括:政治、经济、金融、娱乐、日常生活、科技、教育、贸易等。

6.2.2　我国电子商务发展概况

在信息化建设和电子商务发展方面,我国政府给予了极高重视,大力投资进行了硬件基础设施和法律法规等环境建设,紧跟国际信息化大潮。继"三金工程"之后,又实施了一系列各个行业的"金"字信息化工程,例如:1998 年开始的"金贸"工程,建设了全国性电子商务平台,即中国商品交易中心(CCEC)。从 1997 年 8 月的第一届全国电子商务大会开始,以后每年举办一届全国电子商务大会。2008 年我国大陆电子商务市场规模约为 3 万亿人民币,同比增长 41.7%,金融危机并未影响电子商务的发展。

由政府和大型国企应用的电子商务系统如:深圳和上海证券交易系统、中国民航电子订票系统、中国商品交易系统等。开展电子商务的著名民营企业如:阿里巴巴电子商务网站、易趣电子商务网站、当当电子商务网站等。

（1）中国商品交易中心（http：//www.ccec.com/newhome/index.jhtml）

中国商品交易中心（CCEC）是国家经济贸易委员会于 1997 年初批准组建的全国性经济组织。中国商品交易中心电子商务网络系统于 1997 年 10 月在全国正式开通，网络域名为 CCEC.COM 或 CCEC.COM.CN，如图 6-8 所示。

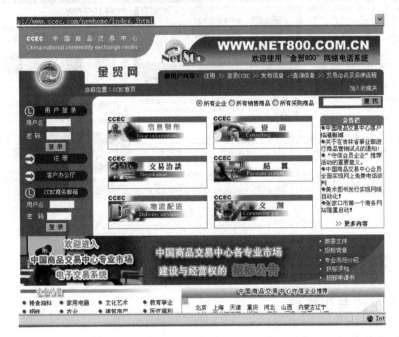

图 6-8　中国商品交易中心的电子商务平台

CCEC 创建的中国电子商务平台，是为中国企业利用国际互联网汇入全国和全球大市场，进行企业间商品交易而设计开发的专用平台。它是中国电子商务领域中建设最早、规模庞大、功能齐全、界面友好、适合国情与企业需求的电子商务应用系统。CCEC 电子商务应用平台的成功建设，为企业提供了低成本进入国际互联网和进行低成本交易的商务平台工具和手段，引发了流通领域的深刻变革，极大地推动了中国电子商务的发展。

（2）阿里巴巴电子商务网站（http：//china.alibaba.com/）

阿里巴巴电子商务网站是一家以 B to B 模式为主的电子商务网站，针对全球用户，为中小企业提供网站建站、信息发布、买卖交易、企业合作、诚信认证、经验交流和贸易服务等活动的平台，在国内国际知名度极高，图 6-9 所示。

图 6-9　阿里巴巴电子商务网站

6.3　企业信息化

6.3.1　企业信息化概述

1. 企业信息化含义

对于企业信息化的含义已经基本达成共识，是指企业利用现代信息技术，通过先进的计算机网络技术去整合企业现有的生产、经营、设计、制造等各个环节，实现企业生产过程的自动化、管理方式的网络化、决策支持的智能化和商务运营的电子化，从而提高企业经济效益和企业竞争力的过程。

研究和实践表明，企业信息化如果开展得成功的话，可以提高企业生产绩效、提高竞争优势和创新能力。如果开展得不成功，也可能使企业陷入困境。成功进行企业信息化的关键是如何将 IT 技术与本企业的实际情况和发展需要相结合，与管理业务、管理流程的改革紧密结合，这就需要既懂信息技术，又具备管理知识、熟悉本企业情况的复合型人才。

2. 企业信息化发展过程

对于企业的信息化发展过程，国际上比较流行的观点是美国学者诺兰（R. Nolan）提出的模型，将计算机在一个组织机构中的应用划分为六个阶段，即初装阶段、蔓延阶段、控制阶段、集成阶段、数据管理阶段和成熟阶段。

我国学者杨善林等人提出的四阶段论,即初级阶段、系统集成阶段、成熟阶段和电子商务阶段,本文对于四个阶段的特点有所补充。各个阶段的主要特点如下。

(1) 初级阶段。各个应用系统互相独立,处理单一业务,例如:会计电算化系统、人事考勤系统、客户管理系统等。

(2) 系统集成阶段。建立企业局域网,将各个独立的信息系统进行互联互通,可以将多个业务在统一平台上进行,具有了办公自动化平台(OA 系统)。

(3) 成熟阶段。进行统一的信息资源规划,建立面向主题而不是针对具体应用系统的主题数据库(或数据中心),建立全面集成的信息系统,并结合信息化进行管理模式和业务流程的改革。

(4) 电子商务阶段。企业利用信息化手段将内外资源、从供应到客户服务的整个供应链进行统一管理,将企业资源计划(ERP)与电子商务全面整合。

研究信息化发展阶段的意义有两个方面,一是在对一个组织机构进行信息化建设时,首先要明确该单位的信息化水平处于哪个阶段;二是对于一般的单位来说,较低级阶段和较高级阶段的信息化特征往往同时存在,表现为不同的层次。

6.3.2　企业信息管理的内容

信息化的"化"字强调的是一个长期过程,在这个过程中,信息管理和信息系统是实现信息化的途径和手段。企业信息管理就是对企业的信息资源、信息活动过程和整个信息化建设工作进行计划、组织、领导和控制的管理工作,目的是建立、运行和维护一套集成化的信息系统。

1. 对信息资源的管理

对数据和信息资源的管理,是指对企业经营活动所产生的数据及其有利用价值的各类信息资源进行统一规划、收集、加工、存储传递和使用的管理,核心任务是充分开发利用信息资源。

企业的信息资源按照信息来源分为内部信息和外部信息,内部信息多为在生产经营活动和日常管理活动中所产成的数据及其对数据进行的汇总,按照业务主题划分,一般包括:人力资源数据、客户数据、产品数据、劳动定额数据、生产进度数据、固定资产数据、原材料数据、供应商数据、会计数据、财务数据等。这些原始数据反映在单据、计算机录入屏幕、账册等载体形式中。企业在一定时间内对这些数据进行汇总,形成报表,即对数据进行加工形成信息,时间阶段一般为周、月、年。财务报表的三种典型类型为:资产负债表、现金流量表和利润表,如果是上市公司,需要每个季度公布一次。为了控制生产进度,每周需要安排作业计划、汇总出生产进度表、采购清单等,作为财务分析的需要,每月需要汇总营业收入和成本等,并对其组成结构进行分析。外部信息资源包括:市场信息、行业信息、竞争对手信息、有关科技信息等。对这些信息的收集、加工和分析,有助于企业及时抓住机会、避免外部变化带来的威胁,相对于竞争对手而言增强竞争力。

广义的信息资源还包括信息生产者和信息技术,信息生产者多数是企业各个岗位的工作人员,也有部分专职信息收集人员,需要建立相应的制度并通过培训来管理信息生产者。信息技术包括计算机、计算机网络等硬件和数据库管理系统等软件,也包括信息处理加工方法技术。

对信息技术的管理包括对计算机设备管理、网络管理、数据库管理和应用系统的管理与维护。

信息资源的存储有的按数据库形式、有的按文件形式,有定量信息,也有定性信息,如何进行统一管理,用科学有效的方法进行组织、分类、加工处理,是信息资源管理的重要内容。

2. 对信息活动的管理

信息活动包括信息的收集、信息的存储、信息的传递、信息的加工和信息的使用五大环节,对信息活动的管理就是对这五大环节进行计划、组织、领导和控制。这五大环节紧密相关,在不同的管理层次上,所需要使用的信息不同,从而决定了对信息的收集和加工方法也不同。例如:在战略管理层,一般需要收集竞争对手信息、行业发展和市场等外部信息,进行高度综合性和加工汇总,并需要提出预测。在操作层面,所收集的都是每项业务数据,按照数据库组织方式进行存储。在管理控制层面,需要某些业务的周报表或月报表,这些信息的产生需要对数据库中的原始数据进行多表复合查询、统计计算等。

所以说,对于信息活动的管理实际是从管理层次、信息活动过程和管理职能综合考虑的系统性工作,如图 6-10 所示。

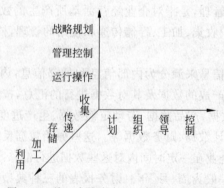

图 6-10　从三个维度考虑对信息活动的管理

3. 信息化项目管理

信息化体系是通过一个个项目建设实现的,包括网络工程项目、各部门计算机配置、机房建设和改造项目、应用系统项目、信息资源规划项目等,项目的建设是一套完整的管理过程,包括:规划、申请和审批、招标、施工、试运行、验收等一系列过程。进行项目管理的目的是保证工程质量、保证工期、节约成本、防止腐败和浪费。

6.3.3　企业信息化集成

企业信息化的核心任务是建立一套集成的管理信息系统,对生产经营活动全过程和所涉及的资源进行集成化信息管理。集成的核心含义是综合与聚集,现代企业的信息化建设强调集成,即综合考虑各个要素,包括管理、技术、业务领域和业务流程等,将各类技术资源、数据资源、各种应用软件等,聚集为一个协同工作的整体。

1. 管理信息系统结构框架

企业的管理信息系统结构框架分为公共环境和专用软件两大部分,公共环境包括公共软件和公共数据库。对专用软件进行纵向和横向两个维度划分,纵向按照管理层次划分,横向按照软件的业务功能划分,形成一套完整体系。一般比较流行的管理信息系统概念结构框架如图 6-11 所示。集成化的管理信息系统在系统规划阶段就要综合考虑各个共享数据库的建立和应用软件的开发。

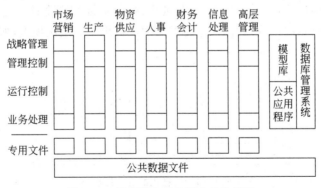

图 6-11　管理信息系统概念结构框架

2. 企业信息化集成管理

通过信息系统对企业生产经营活动的各个环节和各类资源进行集成化管理,但是在具体的实践中具有不同的途径和解决方案。我国学者傅湘玲博士提出了三个层次的信息化集成管理思想,即技术集成、业务集成和应用集成,每个层次又具有丰富内容,本文综合为框架图,如图 6-12 所示。

应用集成
• 内容服务:基于系统平台,为各类用户及时提供所需内容服务。 • 内容管理:基于 Web 技术统一对数据、信息和知识等内容进行统一综合管理。
业务集成
• 组织集成:利用信息化动态调整组织要素。 • 流程集成:通过信息化进行跨部门的流程优化和管理。
技术集成
• 智能集成:将信息变为知识,ERP 与 DSS 集成。 • 过程集成:生产和办公过程自动化。 • 数据和信息集成:主题数据库和信息资源规划。

图 6-12　企业信息化集成管理的三层次要点

6.4　国民经济与社会信息化

6.4.1　信息化的五个层次

信息化的范围广泛,几乎无所不包,其进程深远,最终实现全社会范围各个领域的信息化。按照由窄至宽的范围,我国信息化主流学者提出了五层次模型,如图 6-13 所示。

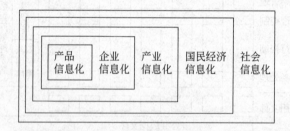

图 6-13　信息化的五个层次

产品信息化有两个含义,一是产品自身嵌入信息技术,使其具有信息处理能力,现在的许多家用电器都就有这种能力,例如:带有智能功能的微波炉、电冰箱等。二是产品特征的信息标识和识别技术,例如常见的条码技术。

企业信息化前已述及,其范围包括产品信息化。

产业信息化是对传统产业运用现代信息技术进行改造的过程,要以产品信息化和企业信息化为基础,包括建立本行业数据库、开发利用行业信息资源等。

国民经济信息化是一个国家经济生活全面实现信息化的过程,最后是社会信息化,实现社会管理、人民生活各个方面的信息化,这两个问题在后面讲述。

6.4.2　我国信息化的发展阶段

我国著名信息化专家郭诚忠首先系统地归纳了我国信息化发展历程,提出了四个阶段的划分法。著名学者陈禹教授等人对此进行了简化,并将各阶段年代取整为 10 年或以上,分为三个阶段,这样便于学习。

1. 准备阶段(20 世纪 80 年代)

这个阶段主要特征是国家认识到信息产业是现代新兴产业中最重要、最活跃、影响最广泛的核心因素,大力推进电子信息技术、计算机与大规模集成电路的发展。1982 年 10 月 4 日,国务院成立了计算机与大规模集成电路领导小组,随着事业的发展,该小组于 1984 年改为国务院电子振兴领导小组,又于 1988 年改为国务院电子信息系统推广应用办公室。

2. 起步阶段(20 世纪 90 年代)

这一阶段的重要特征从信息化工程和信息化组织机构两个方面体现出来。1993 年,国家启动了国民经济信息化的"三金工程",即:"金桥"工程、"金关"工程和"金卡"工程。1996 年 1 月,我国成立了国务院信息化领导小组,由时任副总理的邹家华同志担任组长,统一领导和组织协调全国的信息化工作。

3. 发展阶段(21 世纪)

进入 21 世纪,我国的信息化建设开始全面发展,从认识上、工程建设上和组织机构上都有了本质提升。在认识上,将信息化上升到事关国家全局的战略高度。2000 年 10 月,党的十五届五中全会提出:"大力推进国民经济信息化,是覆盖现代化建设全局的战略举措。"在信息化建设上,被称为"一站两网四库十二金"的一系列工程全面展开。

所谓"一站"是政府门户网站,"两网"是政务内网和政务外网。"四库"是四个基础数据库,即人口数据库、法人单位数据库、空间地理和自然资源数据库、宏观经济数据库。"十二金"是 12 个重点信息系统,例如:办公业务资源系统、宏观经济管理系统、"金关"工程、"金税"工程、"金财"等。

在组织上,2001 年 8 月,由中共中央、国务院重新组建了国家信息化领导小组,现由温家宝总理任组长,具体工作由 2008 年成立的工业和信息化部承担。

6.4.3　国民经济信息化

1. 国民经济信息化内容

国民经济是一国范围内的经济总称,其范围包括国家内所有常驻单位所从事的经济活动,常驻单位可以是个人、住户、政府、企业、事业单位等法律或社会实体,国民经济运行过程包括生产、分配、消费、积累等环节。

国民经济信息管理是指为了实现国家确定的经济和社会发展目标,对信息进行收集、整理、加工、存储、传递和利用的全过程,对国家信息资源进行计划、组织、领导和控制的过程。

国民经济信息管理的目标是充分开发利用国家信息资源,满足国民经济各组成单位和国民经济各个环节对信息的需求,在国家范围内解决信息产生的无序化与需求的特定性之间的矛盾,以信息化为手段促进国民经济发展。我国于 2006 年制定了《2006—2020年国家信息化发展战略》(见第 1 章),是我国信息化总的指导纲领。

2. 国民经济信息化任务

在我国经济发展第十一个五年计划期间(2006 年至 2010 年),国民经济和社会信息化的 11 项主要任务为:

(1) 推行电子政务。

(2) 发展电子商务。

(3) 推进农村信息化。

(4) 推进企业信息化。

(5) 建设先进网络文化。

(6) 推进社会信息化。

(7) 加强信息化基础设施建设。

(8) 加强信息资源开发和利用。

(9) 提升信息产业对信息化建设的支撑作用。

(10) 加强信息安全保障体系建设。

(11) 提高国民信息技术应用能力,造就信息化人才队伍。

3. 国家经济信息系统

国家经济信息系统是 1986 年经国务院批准建设的由国家、省、地、县四级政府部门信息中心构成的完整体系。按照国务院批准的"国家经济信息自动化管理系统一期工程总体方案",国家经济信息系统是运用现代信息技术、数量经济学和管理科学,对经济和有关社会信息进行收集、加工、存贮、分析和传递的人机结合的系统。其目标是辅助宏观经济决策，即及时而准确地为中央和地方各级政府及宏观经济管理部门提供各种信息服务和辅助决策手段；引导微观经济运行，即充分利用系统拥有的信息资源和现代化技术手段，及时提供、发布指导性经济信息，引导企业的经营方向和行为；提供信息咨询服务，即利用系统拥有的信息资源，为社会公众提供广泛的经济信息咨询和服务。图 6-14 为国家信息中心网站。

图 6-14　国家信息中心网站

6.4.4　社会信息化

从图 6-13 看出，社会信息化是在产品信息化、企业信息化、产业信息化和国民经济信息化的范围上进一步扩展至社会各个领域，包括居民生活、社会交往和娱乐等一切方面。

信息技术对社会带来的变革是深刻的，不但改变了生产方式和经济活动方式，而且在很大程度上改变了人类的生活方式、交往方式和思维方式。这些变化既有好的一面，也有不好的一面，同时还有许多变化难以用好与不好来界定。

信息化提高了整个人类活动的效率和效益，互联网世界使得地球似乎一下子变小，人们的交流变得极为方便。但是也不得不面对信息技术所带来的问题，例如：网络上瘾、计算机犯罪、信息安全、工作环境的问题。

不论如何，全社会的信息化大潮不可阻挡，这是继由蒸汽机发明所带来的人类工业文明以来的又一次文明飞跃，其意义甚至更大。

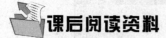 本章小结

本章介绍了信息管理和信息系统的主要应用领域，这个领域范围实际上无所不包，由窄及宽分为五个层次，即产品信息化、企业信息化、产业信息化、国民经济信息化和全社会的信息化。重点介绍了电子政务、电子商务、企业信息化和国民经济信息化的含义、发展历程和主要内容。

课后阅读资料

Definition of Information System Function and Its Activities

Organizations are human artifacts designed and built to achieve human organization objectives. Information systems are human artifacts needed by organizations. The needs and requirements must be identified and systems must be planned and built. They are the product of human imagination and human development processes. The requirements reflect not only technical capabilities but also social and behavioral considerations. Systems are built through a combination of information technology and development procedures. The system procedures include software，human procedures，and procedures incorporated in forms and other non-technical mechanisms. The domain of information systems as a function or field of activity and study includes activities for system development and system management and evaluation：

- Strategic planning for information and communication systems. There is a coalignment of the organization strategy with information and communication system strategy. Technology capabilities provide opportunities for the organization strategy，and the organization strategy defines requirements for information technology infrastructure and systems. For example，the capabilities of the Internet provide opportunities for the IS function to suggest new ways of doing business，and the organization's strategic decisions to deploy web-based applications define elements of the information systems strategy.
- Management of the information system function. This includes unique problems of management of IS activities and resulting unique measurement and evaluation issues. Management issues include evaluation of outsourcing for various activities and supervision of outsourcing contracts.
- Information systems personnel. There are unique positions such as systems

analyst，programmer，and network designer. Selecting，motivating，training，managing，and evaluating these personnel employ both general human resources methods and unique factors related to information systems employees.

- System development processes. Requirements determination and development processes ranging from structured development cycles to rapid prototyping and end user systems are part of these processes. Unique methods and tools are employed，such as development methodologies，CASE tools，and diagraming notations and processes. Information systems change organizations. They reflect management decisions about how the organization will interact with customers，suppliers，personnel，etc. Implementation of new systems is a change process with significant organizational effects.

- Evaluation. Evaluation of results includes measurement of satisfaction with systems and economic/organizational effects. Understanding both development successes and failures is useful.

（摘自文献［11］）

思考和练习题

1. 本文论述了信息化的主要应用领域，可否从对组织结构、管理决策和组织的资源管理等方面谈谈信息管理与信息系统的作用？

2. 按照信息化的五层次模型，谈谈各个层次之间的关系。根据自身经验，谈谈是否一定要内层次的信息化完善之后再进行外层次的信息化建设。

3. 谈谈由政府信息化带动全社会的信息化有什么道理？

4. 根据自身经验，谈谈信息技术在哪些方面改变了人们的生活方式和思维方式？

5. 在哪些方面信息技术无法取代人的作用？

本章参考文献

［1］ 中国网，http：//www. china. com. cn/chinese/zhuanti/283258. htm，2003 年 2 月 26 日.

［2］ 奚国华. 在 2009 年两岸互联网发展论坛上的讲话. 2009 年 7 月 1 日，赛迪网，http：//industry. ccidnet. com/.

［3］ 杨善林，李兴国，何建民. 信息管理学［M］.北京：高等教育出版社，2003.

［4］ 李兴国，左荣春. 信息管理学［M］.（第二版）.北京：高等教育出版社，2007.

［5］ 司有和.企业信息管理学［M］.北京：科学出版社，2007.

［6］ 国家信息中心网站，http：//www. sic. gov. cn/web/index. asp.

［7］　中华人民共和国政府网站,http：//www.gov.cn/,政策法规解读,2009.9.

［8］　郭诚忠.中国信息化发展历程和基本思路.赛迪网,2002.

［9］　陈禹,杨波.信息管理与信息系统概论[M].北京：中国人民大学出版社,2005.

［10］　国家信息化专家委员会网站,http：//www.acsi.gov.cn/web/index.asp,2009.9.

［11］　Gordon B. Davis. Information Systems Conceptual Foundations：Looking Backward and Forward. Organizational and Social Perspectives on Information Technology. Edited by R. Baskerville, J. Stage, J. DeGross. Dordrecht,Netherlands：Kluwer Academic Publishers,2000.

第7章

信息管理与信息系统专业的职业领域和要求

场景

谁当 CIO

某企业 CIO 老胡和另一民营企业家钱老板私交甚好，两人半年多没见了。这天，钱老板找到老胡，一见面就迫不及待地对老胡说："半年前，我遇到一位电脑高手，名牌大学计算机专业的高才生，我就把公司信息化重任交给他。这小子倒是挺敢干，初生牛犊不怕虎。刚来没多久，就买回来一堆最先进的设备，还让公司业务部门把业务都搬到电脑上。可结果呢？搞得销售收入直线下滑，员工大幅度流失，红红火火的公司被他搞得岌岌可危！"

老胡所在的公司以前是一家普通的中型企业，通过信息化卓有成效地提升了业务能力和行业地位，现在已是远近闻名的企业了。作为信息化负责人，他也成为圈内小有名气的 CIO，向他请教信息化"疑难杂症"的人自然不少。

老胡给钱老板倒了一杯水，慢条斯理地说："你这是犯了任命 CIO 的经典错误。你为什么要搞信息化？应该是为了给公司创造价值、提高核心竞争力，从而更好地实施商业战略、实现商业目标吧。可这位电脑高手，他懂你们企业的业务吗？他知道怎样用 IT 帮助你达到目标吗？要知道，IT 对于你而言，是工具、是手段，而他很可能把 IT 当作目的和梦想啊。"

看到钱老板对自己所犯错误还有些茫然，老胡解释道："这就好比你为了更有效率地收割地里的庄稼，却请来一位刀具玩家去买镰刀。由于对如何收割水稻一无所知，他买来的可能是功能极多但一无用处的瑞士军刀，也可能是锋利无比却无法割稻的藏刀，甚至是在你那一亩三分地根本施展不开的康拜因（联合收割机）。最后呢，他疲惫不堪却不知道问题出在哪里。"

"企业的 CIO 决不应该只是电脑高手，更不能是黑客型的技术迷。他一定要具备使用业务语言与业务部门进行沟通的能力，就连他手下的一线技术人员也不能只懂电脑，而对业务一无所知。"

这一番话引得钱老板连连点头,"是啊,我也发现我请来了一位技术迷,但他对业务却一无所知。所以,我赶紧辞了那位电脑高手,亲自抓起了信息化,亲临一线,总算拯救了公司的厄运。"

老胡说:"没有理想的CIO人选时,你亲自出任最合适了。因为没有人比你更理解企业目标和战略了,你最清楚利用信息化该做什么。事实上,很多优秀CIO都是董事长或总经理兼任的。但你的精力毕竟有限,同时CIO需要熟悉计算机技术,最好还是选择一个合适的专职人选。"

钱老板请教老胡:"照你说,CIO该由谁来当?"

老胡略显得意地笑了笑,说:"一般情况下,你可以任命像我这样的人当CIO——我是计算机专业毕业的,可我也很熟悉公司的业务。任用IT背景并且熟悉业务的人当CIO是个不错的选择。"老胡的话锋一转,说:"不过,这不是最优的选择。你要是能找到业务出身但熟悉IT的人做CIO,最好不过了。我有个朋友原本是公司物流部门的负责人,他几乎担任过所有重要业务部门的领导。他喜欢动脑子,尤其喜欢鼓捣电脑。他被公司任命为信息中心主任后,由于精通业务,深知企业真正需要的IT应用是什么,上任不到1年,就用IT系统改造了企业的业务模式,使业务快速飙升。不久之后,坐到了集团公司副总的职位上。"

"哎",钱老板叹了口气后说道:"最近几天我也悟出了这个道理,可是这样的人太难找了,要不你给我推荐一位?"

老胡继续说道:"CIO应该以内部提拔为主,最好不要'空降兵'。道理很简单,信息化涉及企业的方方面面,'空降兵'很难迅速摸清其中的门道。"

看到钱老板为难的模样,老胡建议道:"眼下的困难我们继续想办法克服,但是为了5~10年以后不再为这个问题苦恼,请你聘用一些信息管理与信息系统专业的大学毕业生,然后加以培养和磨炼。"

(改编自:裴有福.CIO故事之一:谁当CIO [J].IT经理世界,2005(13))

请同学们思考或讨论如下问题:

1. CIO在企业中是一个什么角色?

2. 做一个合格CIO,需要什么知识和能力?

3. 许多企业不设实质意义上的CIO,只设IT部作为电脑、网络和系统的维护工作,你如何看待这个问题?

7.1　主要职业领域

7.1.1　政府和事业单位的信息管理部门

前已述及,本专业的设计主要是针对职业为主,而非某一特定行业为主。即各行各业的大中型以上单位,包括:政府、事业单位、企业中信息管理部门的工作人员。

1. 政府信息管理部门

从中央到地方的各层政府组织,负责管理信息化建设的常设单位为两类,一是政府行政机构中的信息化管理部门;二是作为事业单位的信息中心,如图 7-1 所示。二者在职责上不同,人员编制上不同。政府行政机构中的信息化管理部门中的人员为公务员编制,控制严格,所需数量一般较少。信息中心中的人员一般为事业编制,所需人员一般较多,岗位比较明确,例如:网络管理员、系统管理员、数据库管理员、信息审核员、信息员等。有些信息化先进地区的信息中心还进行信息系统开发和大量为社会信息化服务的任务,队伍比较庞大。

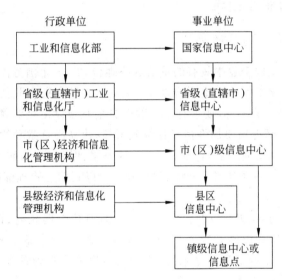

图 7-1　我国政府信息化管理和建设部门结构图主体

政府行政机构中的信息管理部门,主要职责为所辖地区信息化的宏观政策管理,包括:本地区信息化总体规划、推进信息服务业发展和信息产业发展、组织拟订相关政策并协调信息化建设中的重大问题,促进电信、广播电视和计算机网络融合,指导协调电子政务发展,推动跨行业、跨部门的互联互通和重要信息资源的开发利用、共享。指导监督政府部门、重点行业重要信息系统与基础信息网络的安全保障工作,协调处理信息安全重大事件,承担跨部门、跨地区和重要时期的信息安全应急协调工作。

信息中心的工作主要是信息化建设中技术方面和具体实施方面的工作,包括:技术标准制定,基础设施建设,数据和信息的收集、存储、传递、加工和应用服务,信息系统的开发、运行和维护工作。

2. 政府职能机构的信息管理部门

许多政府职能部门都设有自己的信息中心等信息管理部门，甚至是庞大的信息管理机构，例如：工商局、税务局、公安局、统计局、海关总署等，这些部门都需要大量信息管理与信息系统专业人才。

3. 事业单位的信息中心

事业单位尽管种类很多，但最大类别的事业单位就是医院和学校，而大中型医院和高等学校一般都设有信息管理部门，需要一定数量的信息管理人员。

7.1.2 企业中的职业领域

1. 大中型企业的信息管理部门

鉴于信息管理在现代企业中具有的重要战略地位，2007年国务院国有资产监督管理委员会和国务院信息化工作办公室联合发布了《关于加强中央企业信息化工作的指导意见》（国资发〔2007〕8号）的文件，要求有条件的中央企业须设由企业领导成员担任的总信息师（CIO）岗位，并明确提出要加强信息化绩效考核，建立健全激励约束机制。

现代的金融企业和交通企业，包括银行、证券公司、保险公司、航空公司、铁路交通企业等，由于其业务性质，一刻也离不开信息化手段，所以其信息管理部门的位置极其重要，人员岗位责任明确，要求严格。

国有大型集团公司，例如：石油化工企业、矿山、有色金属企业、钢铁企业、汽车制造企业、机械制造企业、家用电器制造企业、仪器仪表企业、大型纺织企业等，一般都进行了集成化信息管理，应用企业资源计划系统（ERP）、客户关系管理系统（CRM）进行经营管理，因此需要大量信息化人才。

2. 小企业的综合管理者

笔者曾经向一家小型企业经理推荐学生，该经理表示欢迎，说道："我现在的这个秘书是学文科的，人还是挺能干的，就是一遇到计算机问题，我就成了她的秘书。"这个现象很普遍，许多小企业都采用信息系统、设有局域网、数据库和服务器，但是不设专职信息管理人员。这些企业希望一般的管理人员具有 IT 方面的能力，尽管所从事的工作是一般工商管理工作，例如经理秘书、办公室主任、企划人员等，需要具有一定 IT 能力，在企业遇到 IT 问题时能够解决。如果我们的同学就业观广阔一些，不必拘泥于本专业的专职工作，以具有 IT 能力的管理专业毕业生应聘一般管理岗位，可以发挥自己的竞争优势。

3. 计算机行业

尽管本专业的设计不是以计算机技术本身为出发点,但是计算机行业同样是就业的一大领域,例如软件开发企业、计算机网络服务企业等,同学们毕竟学习了许多计算机知识,具有在 IT 业从事计算机技术工作的基础,但是所学计算机知识相对于计算机专业有所不足,需要通过自学补足,而所学的管理知识有助于同学们在计算机软件企业更好地理解作为甲方的客户需求。

如果同学们希望日后从事计算机技术职业,那么在校期间就要早作打算,根据自身兴趣和社会需求,在某方面通过自学予以加强。这些方面可以是:计算机网络技术、Java 编程技术、C++编程技术或 C♯编程技术等。学校提供了实验室,对学生免费开放,信息管理系具有各方面的专家,学生可以了解不同教师的特长,向教师请教问题,最好可以利用假期时间到相关企业实习或兼职打工。

由于本专业学生兼具管理知识、计算机知识和信息系统知识,到大中型软件企业从事 ERP 实施顾问、销售顾问和客服顾问等职业,具有综合知识的优势,当然这类岗位需要较强的人际沟通能力。

7.2　企业信息管理师职业资格

7.2.1　企业信息管理师简介

国家职业资格证书制度是劳动就业制度的一项重要内容,也是一种特殊形式的国家考试制度。它是指按照国家制定的职业标准,通过政府认定的考核鉴定机构,对从业者的技能水平或职业资格进行客观、公正、科学规范的评价和鉴定,并对合格者授予相应的国家职业资格证书。

国家职业资格证书由人力资源和社会保障部统一印制,劳动保障部门或国务院有关部门按规定办理和核发。国家职业资格证书是持有者具备某种职业所需要的专门知识和技能的证明,是持有者求职、任职、开业的资格凭证,是用人单位招聘、录用员工的主要依据,也是境外就业、对外劳务合作人员办理技能水平公证的有效证件。国家职业资格证书是一套系列,"企业信息管理师"是其中一种。

《企业信息管理师国家职业标准》将企业信息管理师定义为"从事企业信息化建设,并承担信息技术应用和信息系统开发、维护、管理以及信息资源开发利用工作的复合型人员",并按知识和技能水平的不同将该职业划分为助理企业信息管理师(国家职业资格三级)、企业信息管理师(国家职业资格二级)和高级企业信息管理师(国家职业资格一级)三个等级。根据该《标准》,符合申报条件,经过正规培训并且鉴定合格者,可获得相应等级的"中华人民共和国职业资格证书"。对企业信息管理师的要求分为一般要求和工作要求。

信息化的瓶颈是信息化人才，信息化人才中的关键是复合型信息人才。现在复合型信息人才十分稀缺，是瓶颈中的瓶颈，所以复合型信息人才的职业培训和资格认证成为了信息化建设中迫在眉睫的战略任务，引起了国家的高度重视。原国家劳动和社会保障部与国有资产管理委员会于2005年2月27日联合发文（劳社部函〔2005〕21号），决定自2005年起，用两年左右时间通过企业信息管理师认证工作，以尽快建立一支复合型人才队伍。

7.2.2 对企业信息管理师的一般要求

1. 职业守则

遵纪守法，恪尽职守。
团结合作，热情服务。
严谨求实，精益求精。
尊重知识，诚信为本。
开拓创新，不断进取。

2. 基础知识

基础知识要求包括信息技术、企业管理和法律法规知识。

信息技术知识包括：计算机软硬件基础知识、计算机网络基础知识、数据管理基础知识、管理信息系统知识。

企业管理知识包括：企业管理概论、财务会计基础知识、市场营销基础知识、人力资源管理基础知识和生产与运作管理基础知识。

法律法规知识包括：经济法基本知识、知识产权法基本知识、WTO相关知识。

7.2.3 对企业信息管理师的工作要求

按照企业信息管理师的三个级别，分别从六大方面提出了程度不同的工作要求，这六大方面是：信息化管理、信息系统开发、信息网络构建、信息系统维护、信息系统运作、信息资源开发利用。

7.2.4 对待证书的正确态度

按照证书的权利来划分，分为强制性证书和非强制性证书，强制性证书就是从事该岗位的人员必须具备的证书，例如：会计证、律师证、教师证等。非强制性证书顾名思义就是从事该岗位不必一定要具有该证书,企业信息管理师目前就是一种非强制性证书。笔者认为,对于非强制性证书(强制性证书也可参考),要抱着两种正确态度。

1. 证书价值与所付出努力成正比

部分同学对待证书抱有过于功利、希望走捷径的心理,这是错误的。任何证书的价值都与取得它的难易程度成正比。经过四年努力获得的大学毕业证、学位证和优良的成绩单,就是第一套最有价值的证书。

2. 具有一定锦上添花的作用

锦上之花,如果离开了锦,没有依附的花再美丽也没有任何价值。例如:社会上有一些职业,其本身对经验和综合知识要求较高,如果你不是学习该专业的学生、又没有从业经验,只是经过几周突击并花了数百元钱取得了该证书,基本没有任何价值。要在根本上下工夫,就是学好本科学业并获得尽可能多的从业经验。

企业信息管理师对于相关专业的学生,包括:信息管理专业、计算机专业、电子商务专业和管理科学专业,如果希望在大中型企业从事信息管理工作的话,具有一定帮助作用。本科在校学生可以考取助理企业信息管理师,感兴趣的同学可以登录网站:http: //www.cio.cn/,如图 7-2 所示。

图 7-2　中国企业信息管理师网站

7.3　对信息管理人才的要求

现代信息管理人才是复合型人才,所谓复合型,在知识上是计算机知识、管理知识和本单位业务知识的复合;在能力上是技术能力、沟通能力、规划方案能力、组织协调能力的复合。

7.3.1　素质要求

素质是固化在人身上的一些行为习惯,在时时处处的一种自然表露,作为一名好的信息管理人才,比较突出的要求是如下五种基本素质。

1. 爱岗敬业

具有强烈的事业心和责任感,在从事职业过程中享受乐趣,而非过于功利。可以选择职业,也可以选择单位和岗位,但是不可以在岗位上敷衍和应付。

2. 热爱学习并善于学习

学校的学习不可能完全满足需要,今天的知识不可能永远够用,必须在工作中不断学习,将学习作为一种终生习惯。进入工作岗位的学习方式与在校学习方式不一样,虽然包括读书学习,但是更重要的往往是通过观察、培训、请教、沟通、感悟、实践总结、阅读相关文件和论文等方式学习,只有善于学习才能尽快适应新的情况。

3. 善于合作

信息管理工作不是独行侠,需要各方面的理解与配合,善于沟通与团队合作,是做好本职工作的重要素质。

4. 系统思维

信息管理工作往往涉及方方面面,所以考虑问题要全面,要考虑各种要素及其关系,纵向分层、横向分类。尽管在校的学习期间,教师强调了开发系统要具有系统思维,但是没有经过实际工作的学生往往体会不深。在校学习是按照课程进行的,这是学习的需要。而实际工作是按照职能或项目划分的,信息管理和信息系统工作的任何一项职能或项目,在知识上,往往是计算机硬件、软件、管理知识和业务知识的综合;在资源上,涉及人力资源、资金、时间和器材等;在管理方面,涉及其他业务工作、其他部门、其他人员;何况信息化往往涉及利益的调整、习惯的改变、管理方式的改变等。所以说,作为一名信息主管,不但要具有综合知识和能力,还要具有驾驭复杂局面的能力。

5. 服务观念

组织机构的信息管理是为各级管理者提供信息服务,所以要具有理解用户需求、为用户服务的观念。

7.3.2　知识要求

1. 计算机知识

这是作为本专业的基础知识,包括计算机硬件和网络知识、程序设计知识和数据库知识。

2. 信息系统知识

包括信息资源管理、信息系统分析与设计、信息系统应用知识。

3. 管理知识

信息系统是为组织管理服务的,旨在以信息化手段提高管理效率、实现组织目标,所以信息管理者要具备一般的组织管理知识、生产运作知识等,同时信息化建设需要项目管理知识。

4. 业务知识

无论是企业还是政府,其管理都是通过一套流程实现的,如果不理解业务流程和工作流程,则无法建立具体的信息系统。信息管理人员一定要了解或熟悉本单位组织结构、业务流程和工作规则。

5. 数学知识

好的信息管理者要利用数学方法进行数据描述和分析,为决策者提供依据。

7.3.3　能力要求

能力是能够做好工作、解决问题的本事,对信息管理者能力要求如果具体来说有很多,笔者分为三个层次,也就是信息管理者需要为组织管理解决三个层次的问题,不同层次需要不同的具体能力,如表 7-1 所示。

表 7-1　不同层次的能力要求

能力层次	所要解决的问题	需要的能力
基本层次	数据支持：收集、存储、传递、提供查询	计算机应用能力 信息资源管理能力 信息系统开发、运行和维护能力
中等层次	数据描述与分析：按照要求生成各类业务报表，分析数据之间的关系与规律	业务理解能力 数据统计能力
提高层次	数据挖掘能力：揭示数据背后的问题与业务机会	综合分析能力

7.4　CIO 简介

CIO 是英文 Chief Information Officer 的简称，直译为"首席信息官"，也可译为"信息主管""信息经理"等，是一个组织中负责信息技术和信息系统所有领域，并以此支持组织目标的高级官员。CIO 既是一种职务，也代表一种现代信息管理体制，这种体制具有如下三个特点。

1. CIO 参与高层决策

CIO 不仅是一名信息技术人员，而且是参与决策的高层管理者之一，才可以有效地利用信息化手段支持组织目标。

2. 具有全面信息化战略

信息化战略作为组织战略的一个组成部分，紧密配合组织战略中对信息管理的各项要求制定出信息化战略，并以信息化作为支持组织战略的有力武器。例如某大型企业，不但早已将信息化作为组织发展的重要战略，同时又将信息化与客户服务结合的一种具体产物——呼叫中心，作为企业战略的重要部分。

3. 进行自主的集成化信息管理

在 CIO 总负责下和组织信息化战略规划下，以本组织作为思想主体进行集成化信息管理，而不是在社会上日益翻新的信息化概念"忽悠"下，让 IT 公司牵着鼻子走，不断形成许多"信息孤岛"。

本章小结

本章主要介绍了信息管理与信息系统专业所对应的职业领域，该领域以政府、事业单位和大中型企业中的信息管理部门或信息中心的工作人员为主，同时也可以在计算机行业从事专门的计算机技术工作，亦可在各类单位从事一般性管理工作。另外介绍了对于信息管理人员的要求和在 CIO 总负责下的信息管理体制的特点。

课后阅读资料

助理企业信息管理师要求

表 7-2　助理企业信息管理师要求

职业功能	工作内容	技能要求	相关知识
1. 信息化管理	执行信息化管理制度	1. 能够调查并记录各部门信息化管理制度的执行情况 2. 能够对各部门信息化管理制度的执行情况提出改进意见	企业管理制度基本知识
	全员信息化培训	1. 能够搜集整理并分析培训需求信息 2. 能够进行信息化普及知识授课 3. 能够解答信息化一般问题	1. 培训需求信息收集与分析知识 2. 信息化基本知识 3. 教学基本知识
	采集处理信息化情报	1. 能够搜集信息化发展动态资料 2. 能够调查了解相关服务厂商的基本情况 3. 能够调查了解相关产品的市场情况	1. 信息采编基本知识 2. 市场调查知识
2. 信息系统开发	系统应用需求调查与分析	能够调查企业各部门对信息系统的不同需求	信息系统需求调查基本知识
	业务流程调查	能够调查了解现存业务流程的基本逻辑结构	业务流程调查知识
	系统实施	1. 能够进行基础数据准备 2. 能够进行系统测试 3. 能够进行系统测试与试运行 4. 能够进行基本的应用编程	1. 系统测试理论与方法基本知识 2. 系统运行基本知识 3. 基本开发语言和工具
3. 信息网络构建	综合布线	能够进行网络线路的铺设与联通	计算机通信技术基础知识
	安装调试	1. 能够参加网络设备的安装与调试 2. 能够参加硬件设备的安装与调试 3. 能够参加软件系统的安装与调试	网络安装调试知识
	服务管理	1. 能够进行 Web 服务管理 2. 能够进行域名服务管理 3. 能够进行邮件服务管理 4. 能够进行文件服务管理	网络技术基础知识
	网络管理	能够进行网络系统故障管理	故障管理基本知识
	安全管理	1. 能够进行网络安全日志管理 2. 能够进行网络安全故障管理	网络安全基本知识

续表

职业功能	工作内容	技能要求	相关知识
4. 信息系统维护	系统维护	1. 能够维护系统软件 2. 能够维护系统硬件资源 3. 能够维护计算机网络	1. 系统软件知识 2. 计算机及接口技术 3. 系统维护知识
	应用系统管理	能够维护应用系统的正常运行	信息系统应用知识
	数据维护	能够对数据库和数据文件进行日常维护	数据维护知识
	系统备份和恢复	1. 能够进行日常的系统备份和恢复管理 2. 能够进行网络系统存储管理	1. 系统备份和恢复技术知识 2. 数据存储管理技术知识
5. 信息系统运作	操作和使用信息系统	1. 能够使用常用工具软件 2. 能够通过信息系统实现企业内部与外部之间的信息交换 3. 能够通过信息系统实现企业信息管理部门与其他部门之间的信息交换	1. Web 网页制作知识 2. 上网知识 3. 常用工具软件知识
	用户使用情况调查	1. 能够调查各部门使用信息系统的效率 2. 能够调查各部门在使用信息系统过程中出现的问题	问卷调查方法
	信息系统运行状况记录	1. 能够记录系统运行的各项指标数值 2. 能够撰写系统运行状况报告	记录方法
6. 信息资源开发利用	信息应用需求调研	1. 能够调研管理应用需求 2. 能够调研市场应用需求 3. 能够调研决策需求	信息应用基本知识
	基础数据采集与管理	1. 能够采集各有关部门的数据 2. 能够对采集的数据进行管理	数据采集与管理方法

思考和练习题

1. 如果你今后想从事信息化建设工作,应该在哪些方面做好知识和能力的准备?

2. 如果你希望今后从事计算机技术工作,应该在哪些方面做好知识和能力的准备?

3. 你是否愿意将 CIO 作为职业理想? 如果愿意的话,可否憧憬一下其发展道路?

4. 如果你希望今后从事非本专业的其他工作,在年轻时期将一些计算机方面的硬技术绑在身上,会有什么好处?

5. 如果你还有选择专业的机会,愿意选择本专业吗？为什么？

本章参考文献

[1]　裴有福.CIO 故事之一：谁当 CIO [J].IT 经理世界,2005(13).

[2]　侯炳辉,郝宏志.企业信息管理师,国家职业资格培训教程[M].北京：机械工业出版社,2004.

[3]　中国企业信息管理师网站,http：//www.cio.cn/.

第8章

方向选择与实践创新能力的培养

聘 用 谁

又到了一年一度的招聘季,毕业生们都认真准备了简历,每天忙于投递简历和面试。有一家大型企业的信息管理部门要招聘1名本科生。这家企业知名度高,待遇较好,是学生们都愿意去的企业。某校信息管理与信息系统专业的部分学生投递了简历,该企业从简历中筛选了3名学生进行面试,此处称之为小甲、小乙、和小丙。面试要通过两道关口,即人力资源面试和部门面试。

这天,3名学生都被安排去公司的人力资源部面试。面试在一间宽敞的办公室内,从大门进去到面试官的座位前要走几步路。首先小甲进去,其他二人在门外等候,小甲进门后正向前走,觉得脚上碰了一件东西,低头一看是一个空水瓶,小甲没有理会,径直走到面试官前。面试官说:"请坐。"小甲入座后顺利回答了一般性问题,诸如:姓名、爱好等。面试官问道:"请你谈谈一般公司在招聘时都看重哪些方面?"这个问题对小甲一点也不难,因为毕业前辅导员对学生进行过就业教育。小甲记性好,把辅导员的话大概背了一遍:"首先要求思想品德和综合素质好,还要具有专业能力,最好具有某方面专长。"面试官说:"好,好,回去等着吧。"整个面试不过5分钟结束。轮到小乙和小丙了,他们两人进门后同样遇见了那个空水瓶,但是他们两人都是将其捡起后丢入垃圾桶,然后再入座与面试官谈话。每人都持续了20分钟左右,但两人特点不同。小乙知识面广,侃侃而谈,各种名词脱口而出,但是当问到做过什么项目时,小乙一时语塞。小丙却不同,刚开始时相对沉闷,但是当面试官问到做过什么项目时,小丙打开了话匣子,就他所做的项目,从选题、人员组织、制定方案、实施方案等娓娓道来,面试官像听得津津有味。

3天后,小乙和小丙都接到了去公司部门进行专业面试的通知。到了公司后,工程师介绍了该公司所用的企业资源计划(ERP)系统之后,要求学生建立一个业务报表。这时小丙二话不说开始操作，一会就建好了。小乙说道："我知道ERP是什么，它是……"小乙彬彬有礼、说话得体、知识丰富，但就是迟迟不行动，工程师再次催促："请操作。"小乙只能如实回答："现在不会，但我会继续学习"。

信息管理部向人力资源部回答："决定聘用小丙，但小乙也很好，希望多给一个名额。"人力资源部回答："小乙是不错，但不可能给你们再增加名额"。几天之后，小丙接到录用通知，小乙也接到了人力资源部电话："小乙同学，我们希望聘用你在销售部工作，你的意下如何?"聪明的小乙问道："销售部是不是有业绩压力?"人力资源部向小乙说道："压力大机遇也大呀，以你的潜力，做营销会很有发展的"。

（作者根据自身经验编写）

请同学们思考或讨论如下问题：

1. 思想品德是说出来的，还是做出来的? 在职场中如何体现?

2. 如何处理知识广博与具有专长的关系?

3. 你在本专业中希望向哪方面倾斜?

8.1　以能力培养为核心的专业教育

关于大学教育的核心、性质、目的等问题是自从有大学以来就开始讨论，而且还要继续讨论的问题，只要大学存在，对这一问题的研究与讨论就不会停止。

查看我国教育部编写的《普通高等学校本科专业目录和专业介绍》，在 12 大门类，506种专业的培养目标的表述中，尽管各不相同，506 种专业就有 506 种培养目标，但是都有其共同点。最大的共同点就是所有专业的培养目标都有这样的句式："能从事……工作的……人才。"也就是说，大学的培养目标就是为社会培养能在某领域某些岗位工作的人才。所谓"完善的人格"也要在工作中实现，根本就不存在离开了人类活动、离开了现实工作的所谓"完善的人格"。国家和社会需要各行各业每日不断的工作以保证其正常运转和发展，人民需要工作获得收入和相应的社会位置，所以说，各专业培养目标中"能从事……工作的……人才"的表述正是社会目标和人民目标在高等教育的核心问题上的统一。

"能从事……工作的……人才"需要相应的素质、知识和能力。而素质和知识的落脚点也是能力，因为工作就是做事，能力就是能做事、会做事、做成事的才能。专业能力是其有效地从事某类工作的知识、技能和态度的综合，具有一定的门槛，非经过本专业学习的人难以替代。例如，一个人具有编程的能力，就可以开发出许多具有不同功能的计算机软件。

能力的培养既需要学校的一系列教学活动,更需要同学们自己的努力,在大学期间,发挥同学自身的积极性更加重要。

8.2　发展方向的选择与选课

信息管理与信息系统专业博大精深,信息化建设领域十分宽广,但是 4 年的时间是有限的,需要对自己的发展方向作一个大致规划,以便确定选修课程和其他活动的投入精力。

8.2.1　专业方向的选择

同学们在选择方向时要降低功利性的考量,任何方向都可以成才。选择倾向什么方向,首先要基于自己的兴趣爱好和喜欢程度,同时还要考虑各方面因素,重要的方面是毕业后职业发展方向。是作专业工作、一般管理工作、营销工作,还是希望做学术研究工作?是想当公务员、企事业单位的专业人员、企事业单位的文员,还是想创业或继续进修? 以你未来的愿景来引导大学的学习倾向。

大学的重要作用之一就是帮助你发现你自己的真实愿望、挖掘你自己的潜力。同学们只有在认真听课、积极参加各项实践活动中才可以发现自己的真正兴趣爱好和潜力所在。

所选择的方向可以是:管理类方向、计算机技术方向、信息管理与信息系统、数据分析等,也就是在前述三大课程模块基础上增加了数据分析方向。各方向又包含具体倾向。

1. 管理类方向

管理类方向又包含一般管理类方向和营销方向等。倾向一般管理类方向的同学可以从事公务员、企事业单位一般文员等职业。以具有信息技术背景从事一般管理职业具有两方面优势。一方面,信息技术渗透各个行业,掌握一定的信息管理和信息系统知识,对于从事各种工作都有帮助。另一方面,与一般管理专业相比,本专业具有很强的技术特征,在学习计算机编程等技术课程时所受到的严格的逻辑思维训练会终身受益。

2. 计算机技术方向

本专业所学习的计算机技术主要包括软件技术和网络技术。本专业总有少数或部分同学在接触了计算机技术后对其产生了很大兴趣,甚至着迷。倾向软件技术的同学可以从事计算机程序编写,参与信息系统开发等工作。倾向网络技术的同学可以从事网络管理员工作。

3.信息管理与信息系统方向

信息管理方向偏向整体规划和对信息资源的管理,信息系统方向相对偏向信息技术。研究者蒋玲在 2010 年进行了企业希望本专业毕业生从事的工作岗位调查,结果如图 8-1 所示。

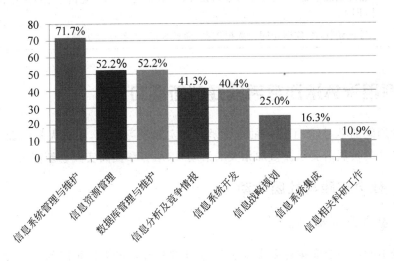

图 8-1　企业希望本专业毕业生从事的工作岗位

4.数据分析方向

近几年随着数据挖掘和大数据处理的兴起,政府、事业单位和企业都越来越重视数据分析对其发展的重要性,因而对数据分析人才的需求急剧上升。同学可以在招聘网站键入关键词"数据分析",会发现招聘数据分析师等岗位的用人单位比比皆是。

8.2.2　选修课的选择

目前高等教育的发展趋势是以学生为本,最大程度发挥学生的主动性和积极性。一是在课程设置上增加选修课的比重;二是多增加课外活动学分。选择了不同发展方向的同学应该选择与其适应的选修课,并积极参加相关活动。表 8-1 提供了不同方向的选修课程,其中加黑字体为必修课程。当然,各学校所规定的必修课和选修课内容不同。

表 8-1　不同方向模块的课程

方向模块	课　　　程
经济管理	**经济学**、**管理学**、**运筹学**、市场营销、会计学、人力资源、管理沟通、项目管理
计算机技术	**数据库原理与应用**、**计算机网络基础**、**数据结构**、JAVA 程序设计、C♯程序设计、计算机网络安全、计算机组成技术、操作系统
信息管理	**信息资源管理**、信息组织、信息检索
信息系统	**管理信息系统**、**信息系统分析与设计**、Web 系统开发、企业信息系统应用、企业资源计划(ERP)
数据分析	**管理统计学**、数据仓库与数据挖掘、商务智能、大数据分析类

8.3　利用课外活动培养实践创新能力

大学期间的学习,除了课内的理论学习和实践学习之外,还有大量的课外实践,学生应根据自己的发展需要积极参加相关的活动,以培养和提高实践创新能力。

8.3.1　社会实践与社团活动

1. 社会实践活动

学校不同部门会安排许多实践活动,对于希望在不同方向发展的同学会有很大帮助。团委和学生管理部门会安排一般性的社会实践、社会调查等活动,对于学生认识社会、提高融入社会的能力会有帮助。专业组和系一级教学单位会安排学生到相应企业实习,有些实习是课内学分所要求,而有些则是自愿参加。

学生可以利用学校所安排的企业实习机会,多多考察了解企业的工作岗位情况,在实习期间与企业主管建立关系。由于学分要求的实习时间有限,当实习结束后,学生可以根据自己的发展愿望选择继续实习,为今后工作做好准备。

2. 社团活动

大学校园有各种社团,参加社团既是一种学习实践机会,同时也耗费大量时间,学生可以根据自己的兴趣爱好和今后发展方向选择参加相应的社团活动,同时还要权衡所投入的时间。

8.3.2　主要专业竞赛

大学期间有许多专业竞赛,有教育部主办、行业协会主办、企业主办等。这些竞赛对于培养学生的实践创新能力很有帮助,学生应根据自身情况选择参加。

1."挑战杯"全国大学生系列科技学术竞赛

"挑战杯"全国大学生系列科技学术竞赛,是由共青团中央、中国科协、教育部和全国学联共同主办的全国性的大学生课外学术实践竞赛。"挑战杯"竞赛在中国共有两个并列项目,一个是"挑战杯"中国大学生创业计划竞赛;另一个则是"挑战杯"全国大学生课外学术科技作品竞赛。这两个项目的全国竞赛轮流开展,每个项目每两年举办一届。

"挑战杯"的这两项竞赛,本专业的学生都可以参加。参赛作品可以是所开发的信息系统或创业计划等。

目前我国参与"挑战杯"竞赛的高校达 1000 多所,包括香港、澳门和台湾地区的高校。"挑战杯"竞赛活动展示了我国各高校的育人成果,推动了高校学生与社会间的交流与合作,已成为高校学生课外科技文化活动中的一项主导性活动,在社会上产生广泛而良好的影响,成为促进高校科技成果向现实生产力转化的有效方式。许多当年在"挑战杯"竞赛获奖的学生已经成为现在卓有成绩的学者、企业家和社会管理者。图 8-2 为"挑战杯"竞赛主页(www.tiaozhanbei.net)。

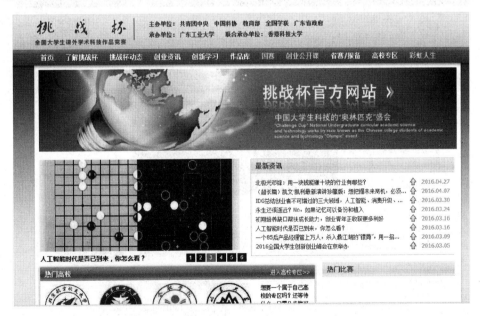

图 8-2　"挑战杯"竞赛网站首页(www.tiaozhanbei.net)

2. 全国大学生电子商务"创新、创意及创业"挑战赛

全国大学生电子商务"创新、创意及创业"挑战赛(以下简称"三创赛")是根据教育部、财政部(教高函〔2010〕13号)文件精神,为激发大学生兴趣与潜能,培养大学生创新意识、创意思维、创业能力以及团队协同实战精神的学科性竞赛。"三创赛"为高等学校落实教育部、财政部《关于实施高等学校本科教学质量与教学改革工程的意见》、开展创新教育和实践教学改革、加强产学研之间联系起到积极示范作用。

"三创赛"是由中华人民共和国教育部主管,教育部高等学校电子商务类专业教学指导委员会主办,三创赛竞赛组织委员会、全国决赛承办单位、分省选拔赛承办单位和参赛学校组织实施的全国性竞赛,竞赛分为校赛、省赛和全国总决赛三级赛事。从第五届"三创赛"开始,采取分主题竞赛,包括"三农"电子商务、电子商务物流、移动电子商务、跨境电子商务、校园电子商务、旅游电子商务、互联网金融、康养电子商务、新都区电子商务以及其他类电子商务。

图8-3为第六届"三创赛"官网主页。

图8-3　第六届"三创赛"官网主页(http://sanchuang.fsbuc.com/)

3. 其他竞赛

还有许多其他竞赛,本专业学生都可以参加。例如,全国大学生数学建模竞赛、大学

生程序设计竞赛、用友集团举办的"ERP"竞赛、"泰迪杯"全国数据挖掘挑战赛,等等。

8.3.3　第六届全国大学生"挑战杯"特等奖案例——时间银行平台

时间银行平台是一种居家养老模式,包括时间银行相关理论,时间银行 APP,时间银行公众平台,时间银行社会实践等多个版块,其运行模式如图 8-4 所示。

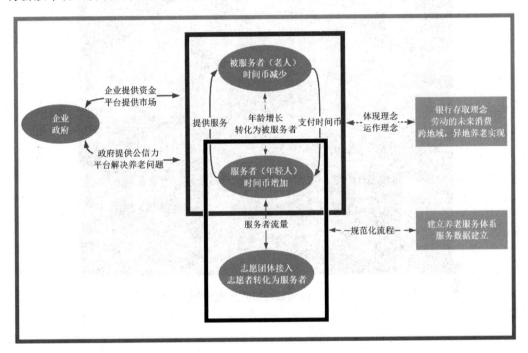

图 8-4　时间银行养老模式

时间银行是多方养老资源的汇集地,一方面沟通了服务者和被服务者,年轻人(一般为服务者)通过志愿服务的方式服务老年人(一般为被服务者)同时获取"时间币",当自己年老需要帮助的时候就可以使用自己年轻时获得的"时间币"购买自己需要的养老服务(银行存取理念),这便是时间银行平台运行的最基本方式(劳动的未来消费)。另一方面连接了高校的志愿团体为平台提供优质的志愿者资源;引入了企业为平台提供资金支持;加入了政府参与,在目前养老形势严峻的情况下为平台提供政策支持和养老服务相关的合作。

在这一基本运行方式的基础之上,我们通过时间银行平台参与的活动与现有志愿服务团体对接,为志愿者建立一个志愿服务体系,记录一生中所参与的每次志愿活动,将公益服务规范化、体系化(公益服务理念)。参与志愿服务的年轻人可以将自己积攒的时间币转移给自己的父母供其消费,从而实现异地养老的理念(异地养老)。

本项目是由北京联合大学管理学院的梁磊老师带领同学们研究发展的创业项目,在第六届全国大学生电子商务"创新、创意及创业"挑战赛上,由张驰等同学组成的团队以此项目获全国特等奖。图 8-5 为师生获奖后合影。

图 8-5   时间银行团队获奖后合影

本章小结

本章具有两个主题,一是鉴于本专业内容博大精深与 4 年学习时间有限的矛盾,建议同学们在学习了必修课的基础上按照特定方向选择选修课的学习。二是说明了培养实践创新能力的重要性,并介绍了有关途径,特别是参加有关大学生竞赛对于培养综合能力的重要性。

思考和练习题

1.请根据你自己的兴趣爱好与特长,思考一下未来的职业倾向和所要选择的专业方向。

2.请考虑一下与若干名同学组成项目团队,设想、设计并实现一件作品,准备参加相关的大学生竞赛。

本章参考文献

［1］ 蒋玲.我国信息化建设对高校信息管理专业人才的影响研究［J］.情报科学.2010,28(05).

［2］ "挑战杯"全国大学生系列科技学术竞赛网站.http://sanchuang.fsbuc.com,2016.7.28.

［3］ 第六届全国大学生电子商务"创新、创意及创业"挑战赛网站.http://sanchuang.fsbuc.com,2016.7.28.

［4］ 梁磊.时间银行养老模式介绍.个人资料,2016.7.28.

教师服务

感谢您选用清华大学出版社的教材！为了更好地服务教学，我们为授课教师提供本书的教学辅助资源，以及本学科重点教材信息。请您扫码获取。

➤ 教辅获取

本书教辅资源，授课教师扫码获取

➤ 样书赠送

管理科学与工程类重点教材，教师扫码获取样书

 清华大学出版社

E-mail: tupfuwu@163.com
电话：010-83470332 / 83470142
地址：北京市海淀区双清路学研大厦 B 座 509

网址：http://www.tup.com.cn/
传真：8610-83470107
邮编：100084